〔元〕脱脱 等撰

點校本二十四史修訂本

遼史

第四册

卷六三至卷七〇

中華書局

2016 年 4 月第 1 版　　2023 年 11 月第 4 次印刷

ISBN 978-7-101-11607-6

遼史卷六十三

表第一

世表

天開於子，地闢於丑，人生於寅。天地人之初，一焉耳矣。天動也，有恒度；地靜也，有恒形；人動靜無方，居止靡常。天主流行，地主蓄泄，二氣無往而弗達，亦惟人之所在而畀付焉。

庖犧氏降，炎帝氏、黄帝氏子孫衆多，王畿之封建有限，王政之布濩無窮，故君四方者，多二帝子孫，而自服土中者本同出也。考之宇文周之書，遼本炎帝之後，而耶律儼稱遼爲軒轅後。儼志晚出，盍從周書。蓋炎帝之裔曰葛烏菟者，世雄朔陲，後爲冒頓可汗所襲，保鮮卑山以居，號鮮卑氏。既而慕容燕破之，析其部曰宇文，曰庫莫奚，曰契丹。契丹之名，昉見于此。

隋、唐之際，契丹之君號大賀氏。武后遣將擊潰其衆，大賀氏微，別部長過折代之。過折尋滅，迭剌部長涅里立迪輦組里爲阻午可汗，更號遥輦氏。唐賜國姓，曰李懷秀。既而懷秀叛唐，更封楷落爲王。而涅里之後曰耨里思者，左右懷秀。楷落至于屈戍幾百年，國勢復振。

至耨里思之孫曰阿保機〔二〕，功業勃興，號世里氏，是爲遼太祖。於是世里氏與大賀、遥輦號「三耶律」。自時厥後，國日益大。起唐季，涉五代、宋，二百餘年。

名隨代遷，字傳音轉，此其言語文字之相通，可考而知者也。其所不可知者，有若奇首可汗、胡剌可汗、蘇可汗、昭古可汗，皆遼之先，而世次不可考矣。摭其可知者，作遼世表。

帝統	契丹先世
漢	冒頓可汗以兵襲東胡，滅之。餘衆保鮮卑山，因號鮮卑。

魏	青龍中，部長比能稍桀驁，爲幽州刺史王雄所害，散徙潢水之南，黄龍之北〔二〕。
晉	鮮卑葛烏菟之後曰普回。普回有子莫那，自陰山南徙，始居遼西。九世爲慕容晃所滅，鮮卑衆散爲宇文氏，或爲庫莫奚，或爲契丹。
元魏	契丹國在庫莫奚東，異族同類，東部鮮卑之別支也，至是始自號契丹。爲慕容氏所破，俱竄松漠之間。道武帝登國間，大破之，遂與庫莫奚分背。經數十年，稍滋蔓，有部落於和龍之北數百里。太武帝太平真君以來，歲致名馬。獻文時，使莫弗紇何辰來獻，始班諸國末，欣服。萬丹部、何大何部、伏弗郁部、羽陵部、日連部、匹絜部、黎部〔三〕、吐六于部以名馬文皮來貢，得交市于和龍、密雲之間。太和三年，高句麗與蠕蠕謀取地豆于以分之，契丹懼，莫弗賀勿于率其部落車三千乘、衆萬餘口内附，止於白狼水東。
北齊	天保四年九月，契丹犯塞，文宣帝親討之，至平州，乃趨長塹〔四〕。司徒潘相樂率精騎五千，自東道趨青山；安德王韓軌帥騎四千東斷走路。帝親踰山

嶺奮擊，虜男女十餘萬，雜畜數十萬。相樂又於青山大破別部，所虜生口分置諸州。復爲突厥所逼，又以萬家寄處高麗境内。

隋

開皇四年，率諸莫弗賀來謁。五年，悉衆款塞，高祖納之，聽居故地。六年，諸部相攻不止，又與突厥相侵，高祖使使諭解之。別部出伏等違高麗，率衆内附，置於渴奚那頡之北。開皇末，別部四千餘户違突厥來降，高祖給糧遣還，固辭不去，部落漸衆。遂北徙，逐水草，當遼西正北二百里，依紇臣水而居〔五〕。東西亘五百里，南北三百里，分爲十部，兵多者三千，少者千餘。有征伐，酋帥相與議之，興兵則合符契。突厥沙鉢略可汗遣吐屯潘垤統之，契丹殺吐屯。大業七年，貢方物。

唐

契丹地直京師東北五千里而贏，東距高麗，西奚，南營州，北靺鞨、室韋，阻冷陘山以自固。射獵居處無常。其君大賀氏有勝兵四萬，析八部，臣于突厥，以爲俟斤。凡調發攻戰，則諸部畢會，獵則部得自行。與奚不平，每鬭不利，輒遁保鮮卑山。武德中，大帥孫敖曹與靺鞨長突地稽俱來朝〔六〕。二年，入犯平州境。六年，君長咄羅獻名馬、豐貂。貞觀二年，摩會來降，突厥請以梁師都易契丹，太宗曰：「契丹、突厥不同類，師都唐編户，我將擒之，不可易降者。」三年，摩會入朝，賜鼓纛，由是有常貢。帝伐高麗，悉發契丹、奚首領從軍。還過營州，以窟哥爲左武衛將軍。大帥辱紇主據曲率衆來歸〔七〕，即其部爲玄州，以據曲爲刺史，隸營州都督府。窟哥舉部内屬，乃置松漠都督府，以窟哥爲都督，封無極男，賜姓李氏。以達稽部爲峭落州，紇便部爲彈汗州，獨活部爲無逢州，芬問部爲羽陵州，突便部爲日連州，芮奚部爲徒河州，墜斤部爲萬丹州，伏部爲匹黎、赤山二州，俱隸松漠府，以辱紇主爲刺史。窟哥死，與奚叛，行軍總管阿史德樞賓執松漠都督阿不固，獻于東都。窟哥二孫：曰枯莫離，彈汗州刺史、歸順郡王；曰盡忠，松漠都督〔八〕。敖曹曾孫曰萬榮〔九〕，歸誠州刺史。時營州都督趙文翽數侵侮其下，盡忠等怨望，與萬榮共舉兵，殺文翽，據營州，自號「無上可汗」，推萬榮爲帥。不二旬，衆數萬，攻崇州，執擊討副使許欽寂〔一〇〕。武后怒，詔將軍曹仁師等二十八將擊之，更號萬榮曰「萬斬」，盡忠曰「盡滅」。戰西硤石黄獐谷，王師敗績。進攻平州，不克。武后益發兵擊契丹。萬榮夜襲檀州，清邊道副總管張九節拒戰，萬榮敗走。俄盡忠死，突厥默啜襲破其部。萬榮收散兵，復振。別將駱務整、何阿小入冀州，殺刺史陸寶積，掠數千人。武后聞盡忠死，詔夏官尚書王孝傑等率兵十七萬討萬榮，戰東硤石，敗績，孝傑死之，萬榮進屠幽州。又詔御史大夫婁師德等率兵二十萬擊之，萬榮乘鋭，鼓行而南，殘瀛州屬縣。神兵道總管楊玄基率奚兵掩擊〔一一〕，大破萬榮，執何阿小，別將李楷固、駱務整降。萬榮委軍走，玄基與奚四面合擊，萬榮衆潰，東走。張九節設三伏待之。萬榮窮蹙，與家奴輕騎走潞河東，憊甚，卧林下。奴斬其首以獻，九節傳東都。契丹餘衆不能立，遂附突厥。開元二年，盡忠從父弟失活率部落歸唐〔一二〕。

失活，玄宗賜丹書鐵券。開元四年，與奚長李大酺偕來，詔復置松漠府，以失活爲都督，封松漠郡王，仍置靜析軍，以失活爲經略大使，八部長皆爲刺史。五年，以楊氏爲永樂公主下嫁失活。六年，卒。

娑固，失活之弟，帝以娑固襲爵。開元七年十一月，娑固與公主來朝。衙官可突于勇悍，得衆心，娑固欲除之，事泄，可突于攻之，娑固奔營州。都督許欽澹及奚君李大酺攻可突于，不勝，娑固、大酺皆死。韓愈作可突干，劉昫〔一三〕、宋祁及唐會要皆作可突于。

鬱于，娑固從父弟也，可突于推以爲主，遣使謝罪，玄宗册立鬱于襲娑固位。開元十年，鬱于入朝，以慕容氏爲燕郡公主下嫁鬱于，卒。咄于，鬱于之弟，襲官爵。開元十三年，咄于復與可突于猜阻，與公主來奔，改封遼陽王〔一四〕。

邵固，咄于之弟〔一五〕，國人共立之。開元十三年冬，朝于行在，從封禪泰山，改封廣化郡王，以陳氏爲東光公主下嫁邵固〔一六〕。十八年，爲可突于所弒，以其衆降突厥，東光公主走平盧。

屈列，不知其世系，可突于立之。開元二十二年六月，幽州節度使張守珪大破可突于〔一七〕。十二月，又破之，斬屈列及可突于等，傳首東都，餘衆散走山谷。

過折，本契丹部長，爲松漠府衙官，斬可突于及屈列歸唐。幽州節度使張守珪立之，封北平郡王。是年，可突于餘黨泥禮弒過折，屠其家，一子剌乾走安東，拜左驍衞將軍。自此，契丹中衰，大賀氏附庸於奚王，以通于唐，朝貢歲至。至德、寶應間再至，大曆中十三至〔一八〕，貞元九年、十年、十一年三至，元和中七至，太和、開成間四至。泥禮，耶律儼遼史書爲涅里，陳大任書爲雅里，蓋遼太祖之始祖也。

李懷秀〔一九〕，唐賜姓名，契丹名迪輦俎里，本八部大帥。天寶四年降唐，拜松漠都督。安祿山表請討契丹，懷秀發兵十萬〔二〇〕，與祿山戰潢水南，祿山大敗，自是與祿山兵連不解。耶律儼紀云，太祖四代祖耨里思爲迭剌部夷离菫，遣將只里姑、括里，大敗范陽安祿山于潢水，適當懷秀之世。則懷秀固遥輦氏之首君，爲阻午可汗明矣。

楷落，以唐封恭仁王，代松漠都督，遂稱契丹王。其後寖大，貞元四年，犯北邊，幽州以聞。自祿山反，河北割據，道隔不通，世次不可悉考。

契丹王屈戍，武宗會昌二年授雲麾將軍，是爲耶瀾可汗〔二一〕。幽州節度使張仲武奏契丹舊用回鶻印，乞賜聖造，詔以「奉國契丹」爲文。高麗古今錄作屈戍。

契丹王習爾〔二二〕，是爲巴剌可汗。咸通中，再遣使貢獻，部落寖强。

契丹王欽德，習爾之族也，是爲痕德菫可汗。光啓中，鈔掠奚、室韋諸部，皆役服之，數與劉仁恭相攻。晚年政衰。八部大人，法常三歲代，迭剌部耶律阿保機建鼓旗，自爲一部，不肯受代，自號爲王，盡有契丹國，遥輦氏遂亡。

蕭韓家奴有言，先世遥輦可汗洼之後，國祚中絶，自夷离堇雅里立阻午可汗，大位始定。今以唐史、遼史參考，大賀氏絶于邵固，雅里所立則懷秀也，其間唯屈列、過折二世。屈列乃可突于所立，過折以別部長爲雅里所殺。唐史稱泥里爲可突于餘黨，則洼可汗者，殆爲屈列耶？

校勘記

〔一〕至耨里思之孫曰阿保機　據本書卷二太祖紀下贊及下文「太祖四代祖耨里思」，阿保機當爲耨里思之玄孫。

〔二〕「青龍中」至「黄龍之北」　此源於新唐書卷二一九契丹傳：「魏青龍中，部酋比能稍桀驁，爲幽州刺史王雄所殺，衆遂微，逃潢水之南，黄龍之北。」據三國志卷三〇魏書鮮卑傳，比能作軻比能。

〔三〕萬丹部何大何部伏弗郁部羽陵部日連部匹絜部黎部　「萬丹部」，本書卷三二營衛志中及魏書卷一〇〇契丹傳、北史卷九四契丹傳均作「悉萬丹部」。「日連部」，原作「日速部」，據上引營衛志及魏書、北史改。伏弗郁、羽陵、匹絜、黎等部，參見卷三二營衛志中校勘記〔九〕、〔一〇〕。

〔四〕乃趨長塹　「塹」，原作「漸」，據北齊書卷四文宣紀天保四年十月丁酉及北史卷九四契丹傳改。

〔五〕依紇臣水而居　「紇臣水」，隋書卷八四契丹傳及北史卷九四契丹傳均作「託紇臣水」。

〔六〕武德中大帥孫敖曹與靺鞨長突地稽俱來朝　新唐書卷二一九契丹傳：「武德中，其大酋孫敖曹與靺鞨長突地稽俱遣人來朝。」舊唐書卷一九九下契丹傳及唐會要卷九六契丹、册府卷九七七外臣部降附均繫此事於武德四年。此處蓋本新唐書，然誤置於武德二年前，又略去「遣人」二字，亦與原意不符。

〔七〕大帥辱紇主據曲率衆來歸　「辱」字原闕，據新唐書卷二一九契丹傳及下文補。按通鑑卷一九九唐紀一五太宗貞觀二十二年四月己未胡注：「奚、契丹酋領皆稱爲『辱紇主』。」「據曲」，本書卷三二營衛志中同，新唐書卷四三下地理志七下、卷二一九契丹傳均作「曲據」。

〔八〕窟哥二孫曰枯莫離彈汗州刺史歸順郡王曰盡忠松漠都督　「枯莫離」，新唐書卷二一九契丹傳同，舊唐書卷一九九下契丹傳作「祜莫離」，且稱其爲窟哥曾孫。通典卷二〇〇邊防一六契丹亦謂李盡忠爲窟哥曾孫。

〔九〕敖曹曾孫曰萬榮　「曾孫」，舊唐書卷一九九下契丹傳同，新唐書卷二一九契丹傳作「有孫」。

〔一〇〕執擊討副使許欽寂　「擊討」，舊唐書卷五九許欽寂傳及新唐書卷九〇許欽寂傳、卷二一九契丹傳均作「討擊」，當是。

〔一一〕神兵道總管楊玄基率奚兵掩擊　「道」字原闕，「玄」原作「立」，據新唐書卷二一九契丹傳及通鑑卷二〇六唐紀二二則天后神功元年四月甲午補正。下文「玄基」同。

〔二〕開元二年盡忠從父弟失活率部落歸唐　新唐書卷二一九契丹傳同，然册府卷九六四外臣部封册二記「（開元）四年八月，契丹李失活、奚李大輔各以所部來降」，其後詳載二人授官詔書，通鑑卷二一一唐紀二七亦繫此事於開元四年八月辛未，當是。

〔三〕劉昫　原作「劉煦」，據舊五代史卷七七晉高祖紀三天福三年八月戊寅及新五代史卷五五劉昫傳改。參見本書卷四太宗紀下校勘記〔三〕。

〔四〕改封遼陽王　「遼陽王」，舊唐書卷一九九下契丹傳、新唐書卷二一九契丹傳均作「遼陽郡王」。

〔五〕邵固咄于之弟　唐會要卷九六契丹同，舊唐書卷一九九下契丹傳、新唐書卷二一九契丹傳、册府卷九七九外臣部和親二、通鑑卷二一二唐紀二八玄宗開元十三年十二月乙巳皆謂邵固爲李盡忠之弟。

〔六〕以陳氏爲東光公主下嫁邵固　「東光公主」，唐會要卷九六契丹同。據舊唐書卷八玄宗紀上開元十八年五月、新唐書卷二一九契丹傳、册府卷九八六外臣部征討五、通鑑卷二一三唐紀二九玄宗開元十四年正月癸未，東光公主爲奚魯蘇妻，邵固妻乃東華公主。

〔七〕幽州節度使張守珪大破可突于　「幽州節度使」，據張九齡集卷九敕幽州節度張守珪書，是時張守珪官銜當爲「幽州節度副大使、幽州長史」。

〔一八〕大曆中十三至　原作「大曆十二年」，據新唐書卷二一九契丹傳改。按册府卷九七二外臣部朝貢五，自大曆二年至十二年，契丹凡十三至。

〔一九〕李懷秀　新唐書卷二一九契丹傳同，舊唐書卷九玄宗紀下及新唐書卷五玄宗紀天寶四載三月壬申、唐會要卷六和蕃公主、册府卷九七九外臣部和親二、通鑑卷二一五唐紀三一玄宗天寶四載三月壬申均作「李懷節」。

〔二〇〕懷秀發兵十萬　新唐書卷二一九契丹傳謂安禄山「發幽州、雲中、平盧、河東兵十餘萬」討契丹，非懷秀發兵十萬。此處所記不確，或「懷秀」與「發兵十萬」互倒。

〔二一〕是爲耶瀾可汗　此六字原在下文「幽州節度使」下，諸本皆同，即誤以屈戍爲幽州節度使。今據舊唐書卷一九九下契丹傳、新唐書卷二一九契丹傳、唐會要卷九六契丹、册府卷九六五外臣部封册三乙正。

〔二二〕契丹王習爾　「習爾」，新唐書卷二一九契丹傳、舊五代史卷一三七契丹傳均作「習爾之」。

遼史卷六十四

表第二

皇子表

帝官天下，王者家焉。至于親九族，敬五宗，其揆一也。三代以上，封建久長，故吴、魯、燕、蔡、衞、晉、鄭，太史遷既著世家，又列年表，不厭其詳。自漢以降，封建實亡，猶有其名，長世者登世家，自絶者置列傳，然王子侯猶可以年表也。班固以爲文無實，併諸侯削年而表，世君子韙之。自魏以降，不帝不世，王侯身徙數封，朝不謀夕，於是列而傳之。功不足以垂法，罪不足以著戒，録録然，抑又甚焉。今摘其功罪傑然者列諸傳，敍親親之恩，敬長之義，而無他可書者，略表見之，爲皇子表。

帝系	名字	第行	封爵	官職	功	罪	薨壽	子孫
肅祖四子：昭烈皇后蕭氏生，懿祖第二，見帝紀。	洽昚，字牙新。	第一。		迭剌部夷离菫。	有德行。分五石烈爲七，六爪爲十一。			房在五院司。
	葛剌，字古昆。	第三。		舍利。			早卒。	房在六院司。
	洽禮，字敵輦。	第四。		舍利。				房在六院司。
懿祖四子：莊敬皇后蕭氏生，玄	叔剌。	第一。		舍利。			早卒。	
	帖剌，字痕得。	第二。		九任迭剌部夷离菫。			卒年七十。	六院司，呼爲夷离菫

<table>
<tr><td colspan="2">祖第三，見帝紀。</td><td colspan="2">玄祖四子：簡獻皇后蕭氏生德祖第四，見帝紀。</td></tr>
<tr><td></td><td>褭古直，字巖母根。</td><td>麻魯。</td><td>巖木，字敵輦。</td></tr>
<tr><td></td><td>第四。</td><td>第一。</td><td>第二。</td></tr>
<tr><td></td><td></td><td></td><td>重熙中，追封蜀國王。</td></tr>
<tr><td></td><td>舍利。</td><td>舍利。</td><td>三爲迭剌部夷离堇。</td></tr>
<tr><td></td><td>善射。</td><td></td><td>身長八尺，多力，能裂麃皮〔一〕。語音如鍾，彌里本嶺去家數里，嘗登嶺呼其從，家人悉聞之。</td></tr>
<tr><td></td><td></td><td></td><td></td></tr>
<tr><td></td><td>年幾冠，墮馬卒。</td><td>早卒。</td><td>年四十五薨。</td></tr>
<tr><td>房。</td><td>六院司，呼爲舍利房。</td><td></td><td>二子：胡古只、末掇〔二〕。其後即三父房之孟父。</td></tr>
</table>

	德祖六子：宣簡皇后蕭氏生五子，太祖第
釋魯，字述瀾。	剌葛，字率懶。
第三。	第二。
重熙中，追封爲隋國王。	
于越。	太祖即位，爲惕隱，改迭剌部夷离堇。
驕脅多力，賢而有智。先遥輦氏可汗歲貢于突厥，至釋魯爲于越，始免。教民種樹桑麻。	爲惕隱，討涅烈部，破之，改爲迭剌部夷离
	性愚險。破涅烈部而驕，與弟迭剌、安端等
年五十七，爲子滑哥所弒。	自幽州南竄，爲人所殺。
子滑哥。其後即三父房之仲父。	子賽保。即三父房之季父。

一，見帝紀。					堇。從太祖親征，統本部兵攻下平州。	謀亂。事覺，按問，具伏，太祖令誓而捨之。太祖曰：「汝謀此事，不過欲富貴爾。」出爲迭剌部夷离堇。復謀爲亂，誘羣弟據西山以阻歸路，	

太祖聞而避之，次赤水城。剌葛詐降，復使神速棼明王樓，大掠而去。至擘只、喝只二河，與追兵戰，衆潰。及鴨里河，女骨部人邀擊之，剌葛

		迭剌，字雲獨昆。
		第三。
		天顯元年，爲中臺省左大相。
		性敏給。太祖曰：「迭剌之智，卒然圖功，吾
	輕騎遁去。至榆河，先鋒敵魯生擒之。太祖念其同氣，不忍加刑，杖而釋之。神册二年，南奔。	與兄剌葛謀反，剌葛遁，迭剌與安端降，太

所不及；緩以謀事，不如我。」回鶻使至，無能通其語者，太后謂太祖曰：「迭剌聰敏可使。」遣迓之。相從二旬，能習其言與書〔三〕，因

祖杖而釋之。神冊三年，欲南奔，事覺，親戚請免於上，又赦之。

	寅底石，字阿辛。	安端，字猥
	第四。	第五。
	重熙間，追封許國王。	天祿初，以
	太祖遺詔寅底石守太師、政事令，輔東丹王。	神冊三年，
制契丹小字，數少而該貫。		神冊元年，
	生而闒懦。與兄剌葛作亂，兵敗，太祖赦之。後復與剌葛遁至榆河，自剌不死，被擒，太祖釋之。	與兄剌葛
	太祖命輔東丹王，淳欽皇后遣司徒劃沙殺于路。	
	孫阿烈。	

隱。
功王東丹國，賜號明王。
爲惕隱。天贊四年，爲北院夷离堇〔四〕。
討平雲州〔五〕。天贊元年〔六〕，征渤海，破老相兵三萬餘人；安邊、鄭頡、定理三府叛，平之。太宗即位，有定策功。會同中，伐晉，率兵先出雁門，下忻、代。
謀亂，妻粘睦姑告變，太祖誓而免之。復叛，兵敗，見擒，杖而釋之。子察割弒逆被誅，穆宗赦通謀罪，放歸田里。

	蘇，字雲獨昆〔八〕。
	第六〔九〕。
	神冊五年，爲惕隱。六年，爲南府宰相〔一〇〕。
世宗初立，以兵往應，以李胡戰于泰德泉〔七〕，敗之。	言無隱情，太祖尤愛之。滄州節度使劉守文求救，太祖命往救，解滄州圍。刺葛詐降，
	在南府，以賄聞，民頗怨。
	征渤海國還，薨。
	已上並係季父房。

蘇往來其間。既平，蘇力爲多。天贊三年，與迭里略地西南。天顯初，征渤海，攻破忽汗城，大諲譔降。性柔順，事上忠謹。太祖二十功臣〔一二〕，

	太祖四子：淳欽皇后蕭氏生三子，太宗第二，見帝紀。
	倍，小字圖欲，唐明宗賜姓東丹，名慕華，改賜姓李，名贊華。
	第一。
	神册元年，立爲皇太子。天顯元年，爲東丹國人皇王，建元甘露，稱制行事，置左右大相及百官，一用漢法。太宗立，詔居東平郡，
	唐遣人來招，倍浮海奔唐，唐人迎以天子儀衛，改瑞州爲懷化軍，拜懷化軍節度使，瑞、慎等州觀察使。移鎮滑州。召入，遥領虔
蘇居其一。	聰敏好學，通陰陽、醫藥、箴灸之術，知音律，善畫，工文章。太祖征烏古、党項，倍爲先鋒都統。經略燕地，至定州。聞太祖與李存勗
	外寬内忍，刻急喜殺人。
	唐主從珂將自焚，遣壯士李彦紳害之，薨年三十八，葬醫巫閭山。
	子婁國、隆先、道隱〔一三〕。已下並係橫帳。

升爲南京。太宗謚曰文武元皇王。世宗謚讓國皇帝。統和中，更謚文獻皇帝。重熙二十年，增謚文獻欽義皇帝〔一三〕。
州節度使。
相拒于雲碧店，引兵馳赴，存勗退走。陳渤海可取之計。天顯元年，從征渤海，拔扶餘城，太祖欲括户口，諫止，且勸乘勢攻忽汗城，夜圍降

	李胡，一名洪古，字奚隱。
	第三。
	天顯五年，立爲皇太弟。統和追謚欽順皇帝〔一四〕。重熙二十一年，更謚章
	天顯五年，兼天下兵馬大元帥。
之。唐李從珂自立，密報太宗曰：「從珂弒君，不可不討。」	勇悍多力。天顯五年，徇代北，攻寰州，多俘而還。太宗凡親征，常留守京師。
	性酷忍，小怒，輒黥人面，或投水火中。世宗即位于鎮陽，太后怒，遣李胡將
	死于囚所，年五十，葬玉峰山西谷。
	二子：宋王喜隱、衛王宛。

肅皇帝。

兵往擊，至泰德泉，爲安端、劉哥所敗。耶律屋質諫太后，李胡作色曰：「我在，兀欲安得立？」屋質曰：「民心畏公酷暴，無如之何！」太后曰：「我與太祖愛汝異於諸子。諺曰：『偏憐之子不保業，難得之婦不主家。』我非不欲立汝，汝自不能矣。」李胡往世宗軍議和，解劍

	宮人蕭氏生一子。
	牙里果，字敵輦。
	第四〔一五〕。
	自晉還，始爲惕隱。
	性沉默，善騎射。
而後見。和約定，趁上京。有告李胡與太后謀廢立，徙祖州。穆宗時，喜隱反，辭連李胡，囚之。	天顯三年，救耶律沙于定州，爲李嗣源所
	以病薨。
	二子：敵烈、奚底，皆知名。

	太宗五子〔一六〕：靖安皇后蕭氏生二子，穆宗第一，見帝紀。	宮人蕭氏
	罨撒葛。	天德，字苾
	第二。	第三。
	會同元年，封太平王〔一七〕。世宗詔許與晉主往復以昆弟禮〔一八〕。景宗封齊王，贈皇太叔，諡欽靖。	
	穆宗委以國政。	
		猛悍趫捷，
獲，至石晉立，始得還。	謀亂，令司天魏璘卜日，覺，貶西北邊戍。景宗即位，撒葛懼，竄于大漠，召還，釋其罪。	與李胡戰
	保寧四年，病疽薨。	天祿二年，

生三子。

扇。

人望而畏。太宗討石重貴，至望都，晉將杜重威率兵十萬先據河梁。上欲以計破之，募能斷糧道者，天德請以五千騎行。許之。從間道擊

于泰德泉〔三〇〕，太后聞之不悅，後不復用。與侍衛蕭翰謀反，繫獄。耶律留哥、盆都等辭連天德，併按之。天德斷鎖，不能出。

伏誅。

走衞送之軍，火其輜重。重威窮蹙，乃降。會同三年，與邸用和使晉〔一九〕。世宗即位，遣天德護送太宗靈柩于上京。太后遣李胡拒世宗，遇

	敵烈，字巴速菫。
	第四。
	保寧初，封冀王。
耶律留哥等于泰德泉，戰甚力，敗之。	多力善射。保寧初，宋人侵漢，與南府宰相耶律沙將兵往援〔三〕，却敵而還。
	與宣徽使耶律海思等謀反事覺，穆宗釋之。乾亨初，宋主攻河東，至白馬嶺，敵烈以先鋒度澗，
	歿于陣。
	子哇哥，白馬嶺之敗俱歿。

	必攝，字箴堇。
	第五。
	穆宗封爲越王〔三〕。
	應曆間，族人恒特及蕭啜里有罪，欲亡，必攝密以聞。上以爲忠，常以侍從。上好畜鹿，有傷斃及逸去，即殺主者。適欲
未半，宋軍逆擊，師潰。	
	以疾薨。

	世宗三子：景宗第二。
	吼阿不。
	第一。舊史皇族傳書在第三，且云未詳所出。按景宗本紀云，景宗皇帝，世宗第
	景宗立，追册爲皇太子，謚莊聖。
誅一監養鹿官，必攝諫而免。景宗時，討党項有功。	
	早薨。墓號太子院。

	妃甄氏生一子。
	只没，字和魯堇。
二子。又按舊史本傳云，景宗立，親祭于墓，追册爲皇太子。當是世宗嫡長子也。	第三。舊史皇族傳書在第一〔三〕。
	景宗封爲寧王，保寧八年奪爵。統和元年，皇太后稱
	敏給好學，通契丹、漢字，能詩。統和元年，應皇太后命，
	應曆末，與宮人私通，上聞，怒，榜掠數百，刺一目而宮

	景宗四子：睿智皇后蕭氏生三
	隆慶，字燕隱，小字普賢奴。
	第二。
制，詔復舊爵。	八歲封恒王。統和十六年，徙王
	初兼侍中。統和中，拜南京留守。
賦移芍藥詩。	統和十七年南征，爲先鋒。至瀛
之〔二四〕，繫獄，將棄市。景宗即位，釋之，賜以所私宮人。保寧八年，妻造鴆毒，奪爵，貶烏古部。賦放鶴詩，徵還。	
	入覲，還至北安州，浴温泉，疾薨，
	子五人：查葛、遂哥、謝家奴、驢糞、

子，聖宗第一，見帝紀。	
	隆祐〔二八〕，小字高七，一字胡都
	第三。
梁國。開泰初，更王晉國，進王秦晉。追贈皇太弟。	乾亨初，封鄭王。統和中，徙王吳，
開泰初，加守太師，兼政事令，尋拜大元帥，賜金券〔三五〕。	統和中伐宋，留守京師，拜西南
州，遇宋將范庭召列陣以待〔三六〕。隆慶遣蕭柳擊敗之，逃入空壁，圍而盡殪〔三七〕。十九年，復敗宋人于行唐。	
葬醫巫閭山。	開泰元年薨。
蘇撒。	子三人：胡都古、合禄、貼不。

一子不詳所出。		聖宗六子〔三九〕：欽哀皇后蕭氏生二子，興
菫。	藥師奴。	重元，小字孛吉只。
	第四。	第二。
更王楚。開泰中，改王齊。謚仁孝。重熙間，改謚孝靖。		太平三年，封秦國王。興宗立爲皇太弟，賜
面招討使。及征高麗，復留守京師，權知北院樞密使。出守東京。贈守太師。		歷南、北院樞密使，南京留守，知元帥府事。
		聖宗崩，欽哀皇后稱制，密謀立重元，重元
		清寧九年，車駕秋獵灤水，重元子涅魯古
	早卒，葬王子院。	謀反，軍潰，自殺。
		子涅魯古謀反，戰歿。

宗第一，見帝紀。
金券。道宗冊爲皇太叔，免拜，不名，復賜金券。
道宗拜天下兵馬大元帥。
以所謀白於上，上益重之。後雖處戎職，未嘗離輦下，尊寵古未之有。
與陳六、蕭胡覩等四百餘人謀反，誘脅弩手軍攻行宮。將戰，其黨多悔過效順，各奔潰。重元奔走大漠，歎曰：「涅魯古使我至此。」

一子未詳所出。	僕隗氏生二子。		
別古特，字撒懶。	吳哥，字洪隱。	狗兒，字屠
第三。	第四。	第五。
重熙中，封柳城郡王。	燕王。	太平元年，
太平七年，遥領彰信軍節度使，爲王子郎君班詳穩。重熙中，累遷契丹行宮都部署。	開泰二年，爲惕隱，出爲南京留守。	
明敏，善射。討夏國，督戰有功。		
討夏軍還，薨。	薨于南京。	暴疾薨。
	四世孫敵烈、烈朮烈朮。烈繼梁王雅里稱帝。	

	姜氏生一子。	興宗三子：仁懿皇后蕭氏生三子，道宗第一，見帝紀。
魯昆。	侯古〔三〇〕，字訛里本。	和魯斡，字阿輦。
	第六。	第二。
拜南府宰相。	重熙十七年，封饒樂郡王〔三一〕。咸雍中，徙混同郡王。	重熙十七年，封越王。清寧初，徙王魯，進王宋魏。乾統三年，册爲
	重熙初，王子郎君班詳穩，後爲上京留守。	清寧中，拜上京留守，改南京留守。乾統初，爲天下兵馬大元帥，
		重元亂，和魯斡夜赴戰。
		天祚即位，弛圍場之禁。和魯斡請曰：「天子以巡幸爲大事，雖
	薨于上京。	從獵于慶州，薨。
		子三人：石篤、遠、淳。淳封秦晉王，稱帝。

	阿璉，字訛里本。
	第三。
皇太叔。	重熙十七年，封許王。清寧初，徙陳王、秦王，進封秦越國。追封秦
加守太師，免拜，不名。三年，爲惕隱，加義和仁壽之號〔三二〕，復守南京。	清寧中，出爲遼興軍節度使。咸雍間，歷西京、上京留守。
居諒陰，不可廢也。」上以爲然，復命有司促備春水之行。	
	從車駕秋獮，以疾薨。

	道宗一子：宣懿皇后蕭氏生。
	濬，小字耶魯斡。
	第一。
魏國王，謚欽正。	六歲封梁王，八歲立爲皇太子。謚昭懷，以天子禮葬。乾統初，追尊大孝順聖皇帝，廟號順宗。
	大康元年，兼領北、南院樞密使。
	幼能言，好學，知書。文帝屢曰：「此子聰慧，殆天授。」七歲從獵，連中二鹿，上謂左右曰：「祖先騎射絶人，威
	年二十，爲乙辛誣害，囚上京，見殺。葬玉峰山。
	子天祚皇帝，諱延禧。

	天祚六子：文妃生一子。
	敖魯斡。
	第一〔三〕。出繼大丞相耶律隆運後。
	初封晉王。
振天下，是兒雖幼，當不墜祖風。」後復遇十鹿，射之，得九，帝喜，爲設宴。	喜揚人善，勸其不能，中外稱其長者。
	保大元年，南軍都統耶律余覩以敖盧斡有人望，與文妃密謀
	保大二年，以得人心縊死。

立之，不果，余覩降金，文妃伏誅，敖盧斡不與謀，得免。耶律撒八等復謀立敖盧斡，事覺，或勸之亡，曰：「安忍爲蕞爾之軀，失臣子之節！」

	元妃生一子。	四子未詳所出〔三五〕。	
	雅里，字撒鸞。	撻魯。	習泥烈。
	第二。	第三。	第四。
	七歲，欲立爲太子〔三四〕，別置禁衛，封梁王。天祚奔夏，衆推稱帝，改元神曆。	燕國王。	趙王。
聞者傷之。			
		早薨。	從天祚至白水濼，爲金師所獲。

	定。	第五。	秦王。				至青塚濼，爲金師所獲〔三六〕。	
	寧。	第六。	許王。				至青塚濼，爲金師所獲。	

校勘記

〔一〕能裂麃皮　「麃」，原作「付」，據明鈔本、北監本、殿本及本書卷一一六國語解改。

〔二〕二子胡古只末掇　「末」，原作「求」，據本書卷六六皇族表及卷七七耶律頽昱傳改。

〔三〕能習其言與書　「與」，明鈔本、南監本、北監本、殿本皆作「語」。

〔四〕天贊四年爲北院夷离堇　「天贊」疑爲「天顯」之誤。按本書太祖紀，神册三年正月以安端爲惕隱，天贊元年十月以斜涅赤爲北院夷离堇，至天顯元年正月二人仍居舊職。又卷七三耶律斜涅赤傳稱其卒於天顯中，且會同元年已改北院夷离堇爲北院大王。

〔五〕神册元年討平雲州　此處繫年有誤。按本書卷一太祖紀上，安端討雲州事在神册三年正月。

〔六〕天贊元年　此處繫年有誤。按本書卷二太祖紀下，征渤海、平三府叛並在天顯元年。

〔七〕以李胡戰于泰德泉　「以」，明鈔本、南監本、北監本、殿本皆作「及」。

〔八〕蘇字雲獨昆　本書卷八五耶律奴瓜傳稱蘇爲太祖異母弟，此處「帝系」欄失載其母，於例不合。

〔九〕第六　原作「第四」，據明鈔本、南監本、北監本、殿本改。據下文，知陳大任遼史皇族傳係以諸子年齒排序，而本表改以嫡庶爲序。疑蘇序齒本爲第四，底本因襲陳氏舊文漏改。

〔一〇〕「神册五年」至「爲南府宰相」　此句原誤列於「封爵」欄，據北監本、殿本移置於此。

〔一一〕太祖二十功臣　本書卷七三耶律曷魯傳稱「太祖二十一功臣」，與此異。

〔一二〕重熙二十年增謚文獻欽義皇帝　本書卷七二義宗倍傳同。據卷二〇興宗紀三，增謚事在重熙二十一年。

〔一三〕子婁國隆先道隱　此處失載稍。本書卷七二義宗倍傳稱其五子，除世宗外，有婁國、稍、隆先、道隱四人。卷八景宗紀上保寧元年四月戊申亦載封「稍爲吳王」。又義宗倍傳襲舊史稱婁國、稍、隆先、道隱四子「各有傳」，然今本惟稍無傳。

〔一四〕統和追謚欽順皇帝　「欽順」當作「恭順」，係陳大任避金章宗父允恭諱改。參見本書卷一四聖宗紀五校勘記〔二〇〕。

〔一五〕第四　二字原闕，據明鈔本、南監本、北監本、殿本補。

〔一六〕太宗五子　太宗當有六子。按本書卷三七地理志一上京道慈仁縣條云：「太宗以皇子只撒古亡，置慈州墳西。」知太宗尚有子只撒古，亡於太宗朝，皇子表失載。參譚其驤遼史訂補三種。

〔一七〕會同元年封太平王　本書卷四太宗紀下繫此事於會同二年三月丁巳。

〔一八〕世宗詔許與晉主往復以昆弟禮　世宗立於晉亡之後，此處「世宗」當爲「太宗」之誤。

〔一九〕會同三年與邸用和使晉　此處時序淆亂。按上文討石重貴事在會同九年，此事不當繫於其後。

〔二〇〕與李胡戰于泰德泉　本書卷一一三耶律劉哥傳云：「太后命皇太弟李胡率兵而南，劉哥、安端遇於泰德泉。既接戰，安端墜馬。王子天德馳至，欲以鎗刺之。劉哥以身衛安端，射天德，貫甲不及膚。安端得馬復戰，太弟兵敗。」與此處所記相互抵牾。

〔二一〕「保寧初」至「與南府宰相耶律沙將兵往援」　本書卷八景宗紀上繫此事於保寧八年九月，此云「保寧初」，不確。「相」字原闕，據明鈔本、南監本、北監本、殿本補。

〔二二〕穆宗封爲越王　「穆宗」當爲「景宗」之誤。按本書卷八景宗紀上，保寧元年二月景宗即位，同年四月封必攝爲越王。

〔二三〕第三舊史皇族傳書在第一　本書卷一〇聖宗紀一統和元年正月乙丑稱「先帝庶兄質睦」，

「質睦」即「只没」之異譯。蓋舊史皇族傳以年齒爲序，而本表改以嫡庶爲序。

〔二四〕剌一目而宫之　「一」，原作一字空格，據明鈔本、南監本、北監本、殿本補。

〔二五〕賜金券　本書卷一五聖宗紀六開泰元年十二月庚辰、清寧八年耶律宗政墓誌皆稱賜鐵券。

〔二六〕遇宋將范庭召列陣以待　「范庭召」，長編卷四六咸平三年正月甲申、丁亥及宋會要兵七之一一、宋史卷二八九本傳皆作「范廷召」。

〔二七〕「至瀛州」至「圍而盡殪」　此處所記恐誤。按長編卷四六咸平三年正月甲申，與契丹戰於瀛州而殁者乃康保裔，同月丁亥范廷召大破契丹於莫州東。

〔二八〕隆祐　重熙十五年秦晉國大長公主墓誌及長編卷一一三太平興國七年閏十二月、宋會要蕃夷一之二六、東都事略卷一二三附録一遼、宋朝事實卷二〇經略幽燕、契丹國志卷一四齊國王隆裕傳俱作「隆裕」。

〔二九〕聖宗六子　據本書卷七一聖宗仁德皇后蕭氏傳，后「生皇子二，皆早卒」，此二子爲本表所不載，如此則聖宗不止六子。參譚其驤遼史訂補三種。

〔三〇〕姜氏生一子侯古　按侯古即耶律宗愿。然據咸雍八年耶律宗愿墓誌、清寧九年寂善大師墓誌，宗愿母姓耿氏。

〔三一〕重熙十七年封饒樂郡王　「十」字原闕，本書卷二〇興宗紀三繫此事於重熙十七年十一月，今據補。

〔二一〕三年爲惕隱加義和仁壽之號　此處繫年有誤。按本書卷二七天祚皇帝紀一乾統六年十月庚申，「以皇太叔、南京留守和魯斡兼惕隱」，同年十一月戊戌加封號。

〔二二〕第一　按本書卷七二本傳亦稱其爲「天祚皇帝長子」。然據今人考證，敖魯斡當爲天祚第四子，表、傳稱「長子」，或就嫡長子言。參蔡美彪遼代后族與遼季后妃三案。

〔二四〕七歲欲立爲太子　雅里七歲當爲壽昌六年，時天祚尚未繼位，不當有立皇太子事。參見本書卷三〇天祚皇帝紀四校勘記〔五〕。

〔二五〕四子未詳所出　據本書卷七一后妃傳，天祚德妃蕭氏生撻魯。又卷二九天祚皇帝紀三保大元年正月稱「趙王母趙昭容」，「秦王、許王，皆元妃生」，裔夷謀夏録卷一、文獻通考卷三四六四夷考二三契丹下同。此云「未詳所出」，蓋表與紀、傳史源不同所致。

〔二六〕至青塚濼爲金師所獲　本書卷二九天祚皇帝紀三保大三年四月戊戌云：「金兵圍輜重于青塚（中略）秦王、許王、諸妃、公主、從臣皆陷没。」卷三〇天祚皇帝紀四附耶律雅里傳、卷七〇屬國表保大三年亦稱金師所圍者爲青塚。按「青塚濼」於史無徵，此處「濼」字疑衍。下文許王寧「蕘壽」欄同。

遼史卷六十五

表第三

公主表

春秋之法，王姬下嫁書于策，以魯公同姓之國爲之婚主故爾。古者，婦諱不出門，內言不出梱。公主悉列于傳，非禮也。然遼國專任外戚，公主多見紀、傳間，不得不表見之。禮，男女異長，不當與皇子同列，別爲公主附表。

屬	母	名	封	下嫁	事	罪〔一〕	薨	子
太祖一女：		質古。		下嫁淳欽皇后弟蕭	幼爲奧姑。契丹故俗，		未封而卒。	

	太宗二女：	
	呂不古，第一。	嘲瑰，第二。
	應曆間，封洴國長公主。保寧中，進封燕國大長公主。	
室魯。	下嫁北府宰相蕭思溫。	下嫁北府宰相蕭海
凡婚燕之禮，推女子之可尊敬者坐於奧，謂之「奧姑」。		
	以疾薨。	應曆初，未封卒。

				璙。				
世宗三女：	懷節皇后生：	和古典，第一。	保寧間，封秦國長公主。	下嫁侍中蕭啜里。			以疾薨。	
		觀音，第二。	保寧間，封晉國長公主。	下嫁蕭夏剌。				
		撒剌，第三。		下嫁蕭斡里。			未封卒。	
景宗四女：	睿智皇后生三女〔三〕：	觀音女，第一。	封魏國公主，進封齊國。景福中，封燕國大	下嫁北府宰相蕭繼先。	皇后尤加愛，賜奴婢萬口。		重熙中薨。	

			渤海妃生
	長壽女，第二。	延壽女，第三。	淑哥，第四。
長公主〔三〕。	封吳國公主。統和初，進封衛國，改封魏國長公主。	封越國公主，追封趙國。	無封號。
	下嫁宰相蕭排押〔四〕。	下嫁蕭恒德。	乾亨二年，
		性沉厚，睿智。皇后於諸女尤愛。甚得婦道，不以貴寵自驕。	
			與駙馬都
	開泰六年薨。	年二十一，以疾薨〔五〕。	

	聖宗十四女：	
一女：	貴妃生一女：	欽哀皇后生二女：
	燕哥，第一。	巖母菫，第二。
	封隨國公主〔七〕，進封秦國。興宗封宋國長公主。	開泰七年，封魏國公主。進封秦國長公主，
下嫁盧俊。	下嫁蕭匹里。	下嫁蕭啜不。
尉盧俊不諧，表請離婚，改適蕭神奴〔六〕。		改適蕭海里，不諧，離之。又適蕭胡覩，不諧，

		蕭氏生二女：
	槊古，第三。	崔八，第四。
改封秦晉國長公主。清寧初，加大長公主。	封越國公主，進封晉國。景福初，封晉蜀國長公主。清寧初，加大長公主。	封南陽郡主，進封公
	下嫁蕭孝忠。	下嫁蕭孝先。
	姿質秀麗，禮法自將。	
離之。乃適韓國王蕭惠。		
	以疾薨。	太平末，東京大延琳

蕭氏，國舅夷离畢房之女。	蕭氏，國舅夷离畢房之女。	蕭氏生二女〔八〕：	馬氏生一女：	大氏生一女：
	陶哥，第五。	鈿匿，第六。	九哥，第七。	長壽，第八。
主。	封長寧郡主，進封公主。	封平原郡主，進封荆國公主。	封潯陽郡主，進封公主。	封臨海郡主，進封公主。
	下嫁蕭楊六。	下嫁蕭雙古。	下嫁蕭璉。	下嫁大力秋。
反，遇害。				駙馬都尉大力秋坐大延琳事

	白氏生四女：			
	八哥，第九。	十哥，第十。	擘失，第十一。	泰哥，第十
	封同昌縣主，進封公主。	封三河郡主，進封公主。	封仁壽縣主，進封公主。	
	下嫁劉三嘏。	下嫁奚王蕭高九。	下嫁劉四端。	下嫁蕭忽
伏誅，改適蕭慥古〔九〕。				

		二。		烈。			
	李氏生一女：	賽哥，第十三。	封金鄉郡主，進封公主。	統和中，下嫁蕭圖玉。		以殺奴婢，得罪。	薨於貶所。
	艾氏生一女：	興哥，第十四。		下嫁蕭王六[一〇]。			
興宗二女：	仁懿皇后生二女：	跋芹，第一。	封魏國公主。重熙末，徙封晉國。加長公主。	下嫁蕭撒八。		與駙馬都尉蕭撒八不諧，離之。清寧初，改適蕭阿速。以婦道不修，徙中京，	

						又嫁蕭窩匿。		
		斡里太，第二。	封鄭國公主。清寧間，加長公主。壽隆間，加大長公主。	下嫁蕭余里也。				
道宗三女：	宣懿皇后生三女：	撒葛只，第一。	封鄭國公主。咸和中，徙封魏國〔二〕。	下嫁蕭末〔三〕。	端麗有智。		大康初薨。	
		糺里，第二。	封齊國公主，進封趙	下嫁蕭撻不也。	駙馬都尉撻不也坐		大安五年，以疾薨。	

國。

昭懷太子事被害，其弟訛都斡欲逼尚公主，公主以訛都斡黨乙辛，惡之。未幾，訛都斡以事伏誅〔一三〕。天祚幼，乙辛用事，公主每以匡救

		昭懷太子
	特里，第三。	延壽。
	封越國公主。乾統初，進封秦晉國大長公主。徙封梁宋國大長公主。	封楚國公
	下嫁蕭酬斡。	下嫁蕭韓
爲心，竟誅乙辛。	公主從天祚出奔。明年，攻應州，留公主守輜重。金人圍之，公主奔行在所，天祚潛遁，爲金人所獲。	幼遭乙辛
	大康八年，以駙馬都尉蕭酬斡得罪，離之〔一四〕。大安初，改適蕭特末爲都統，與金人戰，敗于石輦鐸，被擒〔一五〕。	

一女：	天祚六女：		
	文妃生一女：	元妃生三女：	宮人生二女：
	余里衍。		
主，徙封許國。乾統元年，進封趙國，加秦晉國長公主。	封蜀國公主。		
家奴。			
之難，與兄天祚俱養于蕭懷忠家。後李氏進挾穀歌，文帝感悟，召還宮。	爲金人所獲。	俱爲金人所獲。	俱爲金人所獲。

校勘記

〔一〕罪　此欄所列者多爲公主改嫁事，似例有未當。

〔二〕睿智皇后生三女　「智」，原作「聖」，本書卷七一本傳作「知」。按「睿智皇后」，本卷下文及紀、志、傳屢見，今據改。

〔三〕「封魏國公主」至「封燕國大長公主」　據重熙十五年秦晉國大長公主墓誌，墓主爲景宗長女，適蕭繼遠（即蕭繼先），即此觀音女。墓誌稱其乾亨三年始封齊國公主，統和三十年改封楚國長公主，開泰初册爲晉國長公主，七年封吴越國長公主，太平元年改封趙魏國長公主，重熙七年封秦晉國大長公主。與此處所記封號多有抵牾。

〔四〕下嫁宰相蕭排押　「押」，原作「神」，據本書卷八八蕭排押傳改。

〔五〕以疾薨　本書卷八八蕭恒德傳云：「公主疾，太后遣宮人賢釋侍之，恒德私焉。公主恚而薨，太后怒，賜死。」知此處當有所隱諱。又長編卷五五咸平六年七月己酉稱景宗三女延壽奴「年二十七，適悖野母弟肯頭。延壽奴出獵，爲鹿所觸死。蕭氏即縊殺肯頭以殉葬」。此「延壽奴」即延壽女，「悖野」即蕭排押，「肯頭」即蕭恒德，然其所記延壽女卒年、死因皆與公主表不合。

〔六〕改適蕭神奴　本書卷一〇聖宗紀一統和元年十月戊子謂「以公主淑哥下嫁國舅詳穩照姑」，「照姑」即此蕭神奴。

〔七〕封隨國公主　「隨」，明鈔本作「隋」。

〔八〕蕭氏生二女　「二」，諸本皆同。按此下僅列鈿匿公主一人，疑此「二」字乃「一」字之誤。

〔九〕坐大延琳事伏誅改適蕭慥古　「誅」，原作「諫」，據明鈔本、南監本、北監本、殿本改。又此處所記係改嫁事，依本卷體例，當移置於上一格。

〔一〇〕下嫁蕭王六　契丹小字蕭大山和永清公主墓誌第六行及蕭居士墓誌第三、四行，皆稱興哥公主適「(王五)」，與此異。參見袁海波、劉鳳翥契丹小字蕭大山和永清公主墓誌考釋及郭添剛、劉鳳翥等契丹小字金代蕭居士墓誌銘考釋。

〔一一〕咸和中徙封魏國　「咸和」，當作「咸雍」，蓋陳大任避金世宗雍諱改，元人回改遺漏。

〔一二〕下嫁蕭末　據大康元年蕭德温墓誌，知德温弟德讓爲駙馬都尉，尚道宗長女魏國公主。又墓誌稱德温爲惠妃父，本書卷二三道宗紀三大康二年六月丁未封惠妃叔「漢人行宮都部署駙馬都尉霞抹柳城郡王」，因知霞抹即德讓之契丹語名。此處作「蕭末」，或有脱誤。

〔一三〕「其弟訛都斡欲逼尚公主」至「訛都斡以事伏誅」　此處所記有所隱諱。按本書卷二三道宗紀三大康三年七月辛亥謂「牌印郎君訛都斡尚皇女趙國公主」，卷一一一蕭訛都斡傳亦稱其「尚皇女趙國公主，爲駙馬都尉」。

〔一四〕「大康八年」至「離之」　此處繫年恐誤。按本書卷二四道宗紀四大安二年七月丁巳，「惠妃母燕國夫人削古以厭魅梁王事覺，伏誅，子蘭陵郡王蕭酬斡除名，置邊郡，仍隸興聖宮」；卷一〇〇蕭酬斡傳稱酬斡母「與妹魯姐爲巫蠱，伏誅。詔酬斡與公主離婚，籍興聖宫，流烏古敵烈部」。則酬斡獲罪當在大安二年。

〔一五〕「爲都統」至「被擒」　本書卷二九天祚皇帝紀三保大二年八月戊戌云：「親遇金軍，戰于石輦驛，敗績，都統蕭特末及其姪撒古被執。」則此處所記實爲蕭特末事，依例不當入公主表。

遼史卷六十六

表第四

皇族表

遼太祖建國，諸弟窺覦，含容誘掖，弗忍致辟，古聖人猶難之。雖其度量恢廓，然經國之慮遠矣。終遼之世，其出於橫帳、五院、六院之間者，大憝固有，元勳寔多。不表見之，莫知源委。作皇族表。

一世	二世	三世	四世	五世	六世	七世	八世	九世
五院夷离			五院夷离	北院大王				

菫房洽昚。	六院郎君房葛剌。	
菫敵魯古。		不知世次：
圖魯窘。		太子太傅棠古。
	侍中陳家奴〔二〕。	

右系出肅祖昭烈皇帝。

六院夷离菫房帖剌。		六院部舍利房褭古直。	
夷离菫罨古只。	于越轄底。		
	迭里特。		
		不知世次：	
		北院夷离菫斜涅赤。	政事令撻烈。
		姪右皮室詳穩老古。 大王頗德。	

	簡獻皇帝兄匣馬葛〔二〕。	
	遥輦可汗時，本部夷離菫偶思。	
	阿魯敦于越曷魯。	
	惕刺。撒刺。	
北院大王曷魯。南院大王吾也。		太師斜軫。
		小將軍狗兒〔三〕。

右系出懿祖莊敬皇帝。

横帳孟父房巖木楚國王〔四〕。	
迭刺部夷離菫胡古只。	迭刺部夷離菫末掇。
撻馬狘沙里神速〔五〕。	

迭剌部夷离堇楚不魯。

北院樞密使安摶。

左皮室詳穩撒給〔六〕。

孟父房，不知世次：

惕隱朔古。

于越屋質。

党項節度使唐古〔七〕。

節度劉家奴。

昭德節度孟簡。

孟父房楚國王之後，不知世次：

匡義節度大悲奴。

惕隱何魯掃古。

仲父房隋國王釋魯。

滑哥。

痕只。

于越洼。

惕隱學古。

滌洌。

撒剌竹〔八〕。

漆水郡王頹昱〔九〕。

北院宣徽使敵祿。

右皮室詳穩奚低。

南院大王善補。

侍中化哥。

于越弘古。

北院宣徽使馬六。

南京宣徽使奴古達。

燕王瑰引。

于越仁先。

惕隱許王義先。

南面林牙信先〔一〇〕。

				于越休哥。		仲父房，不知世次：			
				于越高十。					
東路統軍使烏古不〔一二〕。	國留。	昭德節度資忠。	昭。		匡義節度馬哥。	北院大王的祿。	北面林牙韓留。	武定節度仙童〔一三〕。	西北招討使塔不也。

太祖從姪，不知所出：
于越魯不古。
西平郡王賢適。
大同節度觀音。

右系出玄祖簡獻皇帝。

季父房夷离堇剌葛。		左大相迭剌。	許國王寅底石。		
賽保。	中京留守拔里。			劉哥。	盆都〔一四〕。
		鎮國節度合住。	中書令阿烈。		
			混同郡王斡特剌〔一三〕。		

		明王安端。	南府宰相蘇。		鐸穩。				
化葛里。	奚蹇。	察割。							
			尚父奴瓜。			季父房，不知世次：			
					太師谿里斯。				
			北院樞密使頗的。	惕隱蒲古。	惕隱燕哥。	平章的烈。	中京路按問使和尚。	林牙高家〔一六〕。	南府宰相鐸魯斡〔一七〕。
			北院樞密使霞抹〔一五〕。	鐵驪。					
								漆水郡王撻不也。	烏古部節度使普古。

			北面大王特麼〔一八〕。		
			先鋒都監張奴。		
			檢校太師吳九。	林牙庶成。	
				都林牙庶箴。	
			罨古只。		朗〔一九〕。

右系出德祖宣簡皇帝。

讓國文獻皇帝倍。	平王隆先。	陳哥。						
	晉王道隱。							
	婁國。							
章肅皇帝李胡。	宋王喜隱。	留禮壽。						
	衞王宛。							
惕隱牙里	南府宰相							

果。		
敵烈。	室魯。	北院大王奚底。

右系出太祖天皇帝。

冀王敵烈。
蛙哥。

右系出太宗孝武惠文皇帝。

皇太弟隆慶。		
魏國王查葛。	豳王遂哥。	陳王謝家奴。

			齊國王隆祐〔三〇〕。	
遼西郡王驢糞。	漆水郡王蘇撒。		周王胡都古。	魏王合祿。
	祇候郎君王家奴。	祇候郎君羅漢奴。		

右系出景宗孝成康靖皇帝。

重元。	燕王吳哥。
涅魯古。	
	敵烈。朮烈，稱帝。

右系出聖宗文武大孝宣皇帝。

皇太叔和魯斡。		
漆水郡王石篤。	匡義節度遠。	秦晉國王淳，稱帝。

右系出興宗神聖孝章皇帝。

校勘記

〔一〕（九世）侍中陳家奴　本書卷九五本傳稱其爲葛剌八世孫。

〔二〕簡獻皇帝兄匣馬葛　據契丹小字耶律迪烈墓誌、故耶律氏銘石及漢文耶律羽之墓誌，匣馬葛當爲簡獻皇帝姪。參見本書卷七三校勘記〔一〕。

〔三〕「太師斜軫」及「小將軍狗兒」　據本書卷八三耶律斜軫傳，斜軫爲于越曷魯孫，子狗兒，則此二人當列於上欄曷魯後。

〔四〕橫帳孟父房巖木楚國王　「楚國王」，本書卷六四皇子表及卷二〇興宗紀三重熙二十一年七月壬子、卷四五百官志一北面皇族帳官皆作「蜀國王」。又依文例，「楚國王」三字應在「巖木」之前。

〔五〕撻馬狘沙里神速　此句上原有「捕」字，當係衍文，今刪。

〔六〕「（三世）北院樞密使安摶」及「左皮室詳穩撒給」　據本書卷七七耶律安摶傳，安摶祖楚不魯，父迭里，侄撒給。此處失載迭里，且所繫世次有誤。

〔七〕党項節度使唐古　「古」字原闕，據明鈔本、南監本、北監本、殿本補。

〔八〕「滌洌」及「撒剌竹」　「滌洌」條下原接「撒剌竹」條，所示世次不明。按本書卷一一四撒剌竹傳稱其爲「孟父房滌洌之孫」，今於二人之間補一格。

〔九〕漆水郡王頹昱　據本書卷七七本傳，其父爲末掇，當列於上文孟父房第三世，非不知世次。

〔一〇〕「燕王瑰引」至「南面林牙信先」　按耶律仁先墓誌、耶律慶嗣墓誌及耶律智先墓誌均謂仁先爲仲父房之後，此處繫於孟父房，蓋源出仁先傳，參見本書卷九六校勘記〔一〕。又據仁先傳，瑰引爲仁先、義先、信先之父，表誤爲祖。

〔一一〕東路統軍使烏古不　「烏古不」，本書卷八三本傳作「烏不呂」。

〔一二〕武定節度仙童　「武定」，原作「定武」，據本書卷九五本傳及卷四一地理志五西京道奉聖州條乙正。

〔一三〕混同郡王斡特剌　此處世次有誤。本書卷九七本傳稱其爲許國王寅底石六世孫。

〔一四〕盆都　原作「盆哥」，據本書卷一一三本傳及卷五世宗紀天禄二年正月、卷六一刑法志上改。

〔一五〕北院樞密使霞抹　此處疑有闕文。本書卷八六耶律頗的傳云：「子霞抹，北院樞密副使。」

〔一六〕林牙高家　「高家」，本書卷九九耶律撻不也傳同。興宗紀重熙十二年十月壬子、十九年二月丁亥及卷一一五西夏外記皆作「高家奴」。

〔一七〕南府宰相鐸魯斡　「鐸」，原作「釋」，據本書卷一〇五本傳及卷二六道宗紀六壽隆二年十二月壬戌改。

〔一八〕北面大王特麼　「北面大王」，本書卷九五本傳作「北院大王」。

〔一九〕「罨古只」及「朗」　本書卷一一三耶律朗傳云：「朗祖罨古只爲其弟轄底詐取夷离菫。」又卷一一二耶律轄底傳稱其爲「肅祖孫夷离菫帖剌之子」，「異母兄罨古只」。知此罨古只乃本卷上文帖剌子罨古只之重出。此處繫二人於季父房下，蓋襲耶律朗傳之誤。參見卷一一三校勘記〔三〕。

〔二〇〕齊國王隆祐　「隆祐」，重熙十五年秦晉國大長公主墓誌及宋代文獻皆作「隆裕」。參見本書卷六四皇子表校勘記〔二八〕。

遼史卷六十七

表第五

外戚表

漢外戚有新室之患，晉宗室有八王之難。遼史耶律、蕭氏十居八九，宗室、外戚，勢分力敵，相爲脣齒，以翰邦家，是或一道。然以是而興，亦以是而亡，又其法之弊也。

契丹外戚，其先曰二審密氏：曰拔里，曰乙室己。至遼太祖，娶述律氏。述律，本回鶻糯思之後。大同元年，太宗自汴將還，留外戚小漢爲汴州節度使，賜姓名曰蕭翰，以從中國之俗，由是拔里、乙室己、述律三族皆爲蕭姓。拔里二房，曰大父、少父；乙室己亦二房，曰大翁、小翁；世宗以舅氏塔列葛爲國舅別部。三族世預北宰相之選，自太祖神册二年命阿骨只始也〔一〕。聖宗合拔里、乙室己二國舅帳爲一，與別部爲二。此遼外戚之始末也。作外戚表。

戚	一世	二世	三世	四世	五世	六世	七世	八世	九世	十世	十一世
蕭氏：	五世祖胡母里。	北府宰相敵魯〔二〕。	北府宰相幹。	平章事討古。							
景宗睿智皇后父思温：	忽里没〔三〕。	北府宰相思温。	北府宰相繼先。思温無嗣，睿智皇后命爲後。								
		馬羣侍	蘭陵郡	南京統							

			太祖淳欽皇后父月椀：	世宗懷節皇后父阿古只：	
			阿扎豁只月椀〔四〕。		
中朮魯烈。			北府宰相阿古只。		
王撻凜。	大父房，不知世次：				
軍慥古。					
	林牙蕭和尚。	北院宣徽使特末。			
			北府宰相排押〔五〕。	蘭陵郡王恒德。	
				蘭陵郡王匹敵〔六〕。	東路統軍柳。
	北院樞密使革。				

道宗宣懿皇后父惠〔七〕：		興宗仁懿皇后父孝穆：		
蘭陵郡王某。				
齊國王某〔八〕。		國舅詳穩陶瑰。		
北院樞密使惠。		大丞相孝穆。		北院樞密使孝
西北招討使慈氏奴。		北院樞密使阿剌。	北院宣徽使撒八。	使相撒磨。
		趙國王別里剌。		蘭陵郡王得里
	兀古匿〔九〕。	蘭陵郡王酬斡。		磨撒〔一一〕。
	蒲離不〔一〇〕。			

	宰相撻列。				
			北府宰相孝友。	北院樞密使孝忠。	先。
		樞密副使胡覩〔一三〕。		南院樞密使阿速。	
臨海節	龍虎衛上將軍忽古。				底。

	太宗靖安皇后父室魯：				
	駙馬都尉室魯。	勉思。			
			少父房，不知世次：		
			勞古，聖宗詩友。	中書令乙薛。	始平節度使訛都斡〔一四〕。
			南院樞密使朴。		
度使拔刺〔一三〕。					

	聖宗仁德皇后父隗因：		
	不知房族世次：	國舅族，不知世次：	
國舅詳穩雙谷。	隗因〔一六〕。	國舅、郡王高九〔一七〕。	漢人行宮都部署韓家〔一八〕。
南京統軍迭里得。黃八〔一五〕。		北府宰相朮哲。	
		蘭陵郡王撻不也。	

			國舅別部，不知世次：	北府宰相只魯。		八世孫，世選北府宰相塔列葛。				
					七世孫臺哂〔一九〕。					
			戚屬，不知世次：	令穩塔列。	總知軍國海璆。	烏古節度圖玉。	南京統軍雙古。	敵烈統軍訛都斡。		

校勘記

〔一〕三族世預北宰相之選自太祖神册二年命阿骨只始也　「二年」當誤。按「阿骨只」亦作「阿古只」，據本書卷一太祖紀上、卷七三阿古只傳，其拜北府宰相在神册三年十二月。

〔二〕（一世）五世祖胡母里（二世）北府宰相敵魯　據本書卷七三蕭敵魯傳，胡母里爲敵魯五世祖，此處因襲舊文，逕稱「五世祖胡母里」，有乖表例；又以二人分列「一世」、「二世」，世次不合。

〔三〕忽里没　按契丹國志卷一五蕭守興傳稱守興父名「解里鉢」，蕭守興即蕭思温，「解里鉢」或即「忽里没」之異譯。然本書卷七八蕭思温傳作「忽没里」，卷八景宗紀上保寧五年三月乙卯作「胡母里」，重熙七年蕭紹宗墓誌作「胡毛里」，皆係同名異譯，疑「忽里没」爲「忽没里」之倒誤。

〔四〕阿扎豁只月椀　「豁」字或爲「割」字之誤。按本書卷七一淳欽皇后傳，其父「名月椀，仕遥輦氏爲阿扎割只」，又聖宗紀開泰五年三月丙寅、八年十月癸卯亦有「阿扎割只」之稱。

〔五〕北府宰相排押　據本書卷八八本傳及太平九年蕭僅墓誌、咸雍五年秦晉國妃墓誌，知排押爲阿古只曾孫，此處世次誤降一代。此下至「樞密副使胡覩」同誤。

〔六〕「蘭陵郡王恒德」及「蘭陵郡王匹敵」　「恒德」原闕「德」字，「匹敵」原作「恒敵」，並據本書卷八八本傳補正。

〔七〕道宗宣懿皇后父惠　按宣懿皇后父爲蕭孝惠（本書作蕭孝忠），非蕭惠，參見本書卷七一后妃傳校勘記〔一二〕。此下所記乃雜糅二人世系而成，「齊國王某」、「蘭陵郡王某」爲蕭孝惠之先世，慈氏奴、兀古匿、蒲離不則係蕭惠之後人。

〔八〕「蘭陵郡王某」及「齊國王某」　本書卷七一欽哀皇后傳云：「后初攝政，追封曾祖爲蘭陵郡王，父爲齊國王。」按蕭孝惠爲欽哀皇后弟，本表所記即源於此。「齊國王某」即本卷下文之「國舅詳穩陶瑰」。

〔九〕兀古匿　原作「乙古匿」，據本書卷九三蕭惠傳及卷二二道宗紀二清寧十年十二月癸巳、咸雍三年閏三月乙巳改。又據蕭惠傳，惠二子曰慈氏奴、兀古匿，則兀古匿世次當與慈氏奴同。

〔一〇〕蒲離不　「不」字原闕，據本書卷一〇六本傳補。又本傳稱其爲兀古匿孫，此處所繫世次有誤。

〔一一〕「使相撒磨」至「磨撒」　據大安九年蕭公妻耶律氏墓誌，撒磨當爲蕭紹宗子，此三人當出於蕭胡母里族系，此處誤繫於孝先下。

〔一二〕樞密副使胡覩　據本書卷八七蕭孝友傳，胡覩乃孝友子，此處誤列爲孝友姪。

〔一三〕「龍虎衞上將軍忽古」及「臨海節度使拔剌」　按本書卷八八蕭敵烈傳謂敵烈爲宰相撻烈四世孫，且謂：「族子忽古，有傳。弟拔剌。」蓋史官誤解此文，故以忽古、拔剌爲兄弟行。又此處所繫二人世次有誤。

〔一四〕始平節度使訛都斡　據本書卷六五公主表，訛都斡爲蕭撻不也之弟。又據契丹小字耶律弘用墓誌、宋魏國妃墓誌，撻不也爲蕭知玄子，即上文國舅詳穩陶瑰曾孫，則訛都斡亦當繫於陶瑰之下。

〔一五〕南京統軍迭里得黄八　據本書卷一一四蕭迭里得傳，黄八爲迭里得族弟，依例不當與迭里得同列。

〔一六〕不知房族世次隗因　本書卷七一聖宗仁德皇后傳稱隗因爲睿智皇后弟，按睿智皇后父爲蕭思温，則隗因當爲思温之子。

〔一七〕國舅郡王高九　據本書卷九一蕭朮哲傳，高九爲蕭孝穆弟，則知其爲陶瑰之子。

〔一八〕漢人行宫都部署韓家　「韓家」下當脱「奴」字，參見本書卷九二校勘記〔六〕。

〔一九〕「北府宰相只魯」至「七世孫臺哂」　本書卷八五蕭塔列葛傳謂其字雄隱，五院部人，仕聖宗、興宗朝，八世祖只魯，世選北府宰相，本表之「塔列葛」即本於此。又卷九〇蕭塔剌葛傳稱其字陶哂，六院部人，以世宗舅氏而補國舅别部敞史，卒於察割之亂，其叔祖名臺哂。按史官誤以塔列葛、塔剌葛爲一人，雜糅二者世系，故將塔列葛及只魯誤列於「國舅别部」之下。且蕭塔剌葛傳稱臺哂爲叔祖，而此處臺哂與塔列葛僅隔一世，亦誤。

遼史卷六十八

表第六

遊幸表

朔漠以畜牧射獵爲業，猶漢人之劭農，生生之資於是乎出。自遼有國，建立五京，置南北院，控制諸夏，而遊田之習，尚因其舊。太祖經營四方，有所不暇；穆宗、天祚之世，史不勝書。今援司馬遷別書封禪例，列于表，觀者固足以鑒云。作遊幸表。

	太祖〔一〕
正月	
二月	
三月	
四月	
五月	
六月	
七月	次烏林
八月	
九月	
十月	
十一月	
十二月	

七年							河觀漁。					
九年						射野馬於漠北。						
神册四年	射虎于東山。											幸遼陽故城〔三〕。
五年					射龍於拽剌山陽水上，其龍一角，尾長足短，身長五尺，舌二尺							

	天贊二年	三年
	如平州。	
有半，敕藏内庫。		
		次回鶻城。獵于野烏篤斡山。幸回鶻城〔三〕。獵于西河石堰，得白兔。觀

									漁烏魯古河。			
天顯元年			幸天福城。									
四年〔四〕	獵于潢河。	獵于近地。				如涼陘。				出獵，獲虎。		
五年			蒐于近淀。			射柳。如沿柳湖。						
六年		獵于近山，獲虎。		觀銀冶。射柳。				障鷹于近山。				
七年			是春，蒐于潢水之曲。									獵于小滿得山。

九年					射柳。							
十年			蒐于滿德湖。						如金瓶濼〔五〕。			
十一年						射柳。						
十二年						射柳。						
會同元年			射虎于松山〔六〕。	觀伐木。								
三年〔七〕		獵于盤山。					獵于炭山。					
六年								障鷹于合不剌山。				

七年	九年	世宗五年〔八〕	穆宗應曆三年	四年
				獵于郭里山。
	鈎魚于土河。			
	射柳。		障鷹于輞山。獵于䍐羊山。	
障鷹於炭山。		如太液谷，留飲三日。	障鷹于圍鹿峪。	障鷹于白羊山。

五年	六年	七年	八年	九年
				獵于鹿嶋南林。
		射柳。		獵于白鷹山。
		射柳。	獵赤山。	射鹿于鳳凰門
				射鹿於近山，迄
獵于西山。	擊鞠。			
	與羣臣水上擊髀石爲戲。			
		獵于赤山。獵于拽剌山。		獵于黑山。

							下。	于九月。				
十年		獵于圖不得泉。如褭潭。獵于成吉得井。			射鹹鹿于鳳凰門〔九〕。			次三石嶺，呼鹿射之。				獵于天梯山。
十一年			射鹿于遙斯嶺。			射鹿于赤山。射柳。						
十二年		獵于蘇隱山。				是夏，射舐鹹鹿于玉山。						
十三年	丁卯夜，		獵，多獲		射柳。	是夏，獵			登高，以			獵于三

	十四年	十五年
觀燈。		
	如潢河。	
鴈鴨。還宮，飲至終夜。自是，晝出夜飲，迄于月終。		
	獵于玉山。射卧鹿于白嶺山。	
于玉山。	射舐鹻鹿于葛德泉。	
	射舐鹻鹿于赤山，呼鹿射之。	
南唐所貢菊花酒賜羣臣。是秋，射鹿於黑山、拽剌山。		是秋，獵于黑山。
嶺。	幸樞密使蕭護思第。	獵于七鷹山。

十六年	十七年	十八年	十九年
擊鞠。		幸太師女古第，宴飲終夜。	
	如潢河。	如裹潭。	幸鹿囿，飲酒，至
以野鹿入馴鹿羣，觀之，飲至竟日〔一〇〕。	駐蹕于裹潭。		
		避暑于裹潭。	
獵于玉山。			
		射鹿于近山，三旬而返。	
		以菊花酒飲從臣。獵熊。	
		射鹿于皇威嶺。復射鹿、射麅。	
		射鹿于皇威嶺。	
	獵于碓觜嶺。		

	景宗保寧元年	二年	三年
暮。幸五坊。			
			射柳。
		是夏，幸塌母城，進幸東京。	
			如沿柳湖。
	如秋山。		射鴨于惠民湖。獵于平地松林。
			獵于胡土白山。幸于越屋質第。
	漁于赤山濼。		駐蹕于蒲瑰坂。

年	1	2	3	4	5	6	7	8	9	10	11	12
								獵于遼河之源。				
四年						觀從臣射柳。	射柳。					
五年	如神得湖。如應州。								駐蹕于歸化州西硬坡〔二〕。			
六年				幸冰井。								
七年	如查懶淀。											
八年		如金瓶濼。								如長濼。		
九年	如鹿嵑。									如老翁		

										川。鈎魚于赤山濼。		
十年			獵于頡山。復如長濼。					獵于赤山。		漁于褭潭。		
乾亨元年	觀燈于市。				幸惠民湖。			幸冰井。				
二年			閏月，如南京賞牡丹。西幸。									如蒲瑰坂。獵于檀州之南。
三年		放鶻于		幸羊城				獵于炭				

	四年	聖宗統和元年
温泉南。		
		從禽于近川，獲六鴇。幸甘露等寺。駐蹕長濼。又駐蹕于閣甸旁山。獵于羖䍥甸，
濼。		
		幸興王寺。獵于益馬里坂。
山。		
	獵于炭山。	獵于黑山。
		駐蹕于老翁川〔三〕。
		鈎魚于近川。

			大獲鹿家。										
二年	幸近地。	如潢河。	獵于山榆甸。						幸鵝山觀障鷹。獵于嶺右。				
三年								次庫骨水山障鷹。畋于赤山。	障鷹于斜軫山。擊鞠。獵于赤山。	渡怕里水，觀海。		獵于東古山〔一三〕。	
四年	觀魚于新灣。獵于謁懶				如炭山清暑。獵于燕山。				障鷹于炭山。獵于炭山。	獵于畫達剌山。駐蹕白	幸齊國公主第宴。		

	畋。							獵于畫達剌山。	楊嶺。			
五年		幸潞縣西，放鶻，擒鵝。		北幸，趣沒打河避暑。			沿東山行獵。					
六年				幸延壽、延洪二寺，及秦國長公主第。			觀鹿于炭山。幸黎園、溫湯〔一四〕。	射鹿于近山。駐蹕赤城南。				獵于沙河。
七年			擊鞠。	擊鞠。獵于新西道東。	射熊于虎特嶺。	幸秦國公主第。	障鷹于花山。幸秦國					獵于薊州之南甸。鈎魚

	八年	九年	十年	十一年
				幸延芳
		如曲水濼。		
	幸盤山諸寺。獵西括折山。			
			射鹿于湯山。	
公主第。				
		獵于盤道嶺。獵于炭山。		
			射鹿于蔚州南山。	
			射熊于紫荊口。	
于曲水濼。				

	淀。											
十二年				如炭山清暑〔一五〕。				獵于東山。	獵于宰相山。獵于黑河南山。		漁于潞縣西濼。	獵于順州西甸。
十三年		幸延芳淀〔一六〕。							幸大王川。			
十四年	幸延芳淀。					擊鞠。						
十五年				幸延壽寺。				如秋山。				
十六年						獵于平地松林。						

十七年	十九年	二十年	二十一年	二十二年	二十三
	獵于崖頭川。				
	如高林㟧。				
			觀市。		獵于抹
					獵于畫
	觀市。				
獵于諸山。	駐蹕于昌平幸南京〔一七〕。	獵于平地松林。		獵于裒古狘。	
		叉魚于遼河。	獵于田里不魯斡。		
					獵于孩
			鉤魚于周河。		獵于桑
	漁于崖頭川。漁于閭崖。				

年

特凛谷。

盧打山。獵于奴穆真峪。獵于吾魯真峪。獵于野葛嶺。獵于沙渚卷峪。獵于括只阿剌阿里山。獵于青林

里迭扎剌。獵于虎特嶺。

乾河。

	二十八年	二十九年	三十年開泰元年〔一八〕	二年
			獵于賈曷魯林〔一九〕。幸興王寺。	
				獵于阿里濼。如
			捕魚于排得述魯濼。	
			幸上京。	
川，射熊，獲之。		獵于沙嶺。		
				獵于永安山。障
	幸榆林湯泉。			獵于赤山。
			幸中京。	鈎魚于長濼。

	三年	四年	五年	六年
		獵于沙阜。獵于鍋林。		
薩堤濼。	觀漁于瓌泥濼。			
	觀漁于三樹濼。弋鵝于薩堤濼。			
		獵于牛山。獵于直舍山。	獵于渾河之西。	
				獵于狼
鷹于緬山。畋于陷嶺。				

	七年	八年
		如渾河。
	如三樹濼。	獵于雪林。獵于石底水。
林東。觀漁于蓮花濼。獵于羖羊堝。		獵于樺山。獵于淺嶺山。獵于涅烈山。獵于跋恩
		如秋山。障鷹于緬山。
		獵于近甸。
		幸中京。
		幸開泰寺宴飲。幸秦晉長公主第作藏鬮宴。幸

	九年
	獵于馬盂山。
	如大魚濼。
山。	
	獵于果里白山。獵于崖頭川。獵于蕎麥山。獵于榆林。射喚鹿于侯勒水灘。射喚鹿于鐵
	獵于松山，獵于黑山。
	觀漁于沙濼。
開泰寺〔三〇〕。	

	太平元年	三年	四年	五年
		觀漁于鴨淥江。		
		駐蹕于魚兒濼。	如魚兒濼。	
		飛放于撻魯河。	飛放于長春河。	
	獵于渾河山。			獵黑嶺。西至銅
	獵于鶻子山。障鷹于只舍山。		獵于平地松林。	
里必山。獵于遼河之源。	獵于馬盂山。			獵于檀州北山。
			射兔于平川。	

				河。				射兔于平川。				
六年				避暑于永安山之涼陘〔三〕。					獵于狼河。			
七年		如長春河飛放。						獵于黑嶺。				
八年	鈎魚、弋鵝于長春河。						駕至遼河源獵。					
九年				獵于陘山。								
十年							獵于沙	獵于平				

	興宗景福元年	重熙元年	三年	四年
			東幸。	東幸。
			射柳。	
		清暑于別輦斗。		獵于娥
		駐蹕于別嶺甸。	駐蹕于永安山。	
嶺。	幸楚姑公主帳。幸皇姊涅木衮第。	障鷹于習禮吉山。	東幸。射鹿。	
地松林。		駐蹕于遼河上源。		
		獵于習禮吉山。獵于牛山。		
		幸中京。		
	幸樞密延寧第。			

	五年	六年	七年
	獵于平地松林。	獵于鴛鴦濼。	
		獵于野狐嶺。	
兒山。			射柳。獵
	釣魚于赤項濼。次五鶻部，弋獵飲酒。	擊鞠。幸于北護衛太保耶律合住帳，賜物，歡飲。	
	擊鞠。放海東青鶻于葦濼。擊鞠。	幸蕭孝穆第，醉飲。	
		射鹿于耶里山。	擊鞠。射
	如秋山。獵于炭山之側。		
	獵于沙山。		射鹿于
		擊鞠。	擊鞠
		幸晉國公主行帳。	
			幸佛寺

	八年	九年
	叉魚于治河。	
	獵于武清寨之葦甸。	
金山。		獵，至于月終。駐蹕于永
麃鹿于轄剌罷。射虎于束剌山。獵于頗羅扎不葛。		
麃子嶺。獵于娥兒山。		
〔三〕。	擊鞠。	觀漁于混同江。飛放于
受戒。	閏月，擊鞠。	駐蹕于永安山。

	十年	十一年
		幸牛山濼。
		如赤蝸濼。
安山清暑〔三三〕。		
	射虎于醫巫閭山。幸外祖母齊國太妃之帳。	
	獵于潎都。	閏月，幸南京，宴于皇太弟重元第，泛舟
詔陽軍。	獵于烽臺山，親射虎，立斃。	
		幸延壽寺飯僧。詔宋使觀擊鞠〔三四〕。

									于臨水殿宴飲。			
十二年								幸慶州諸寺焚香。獵于拽剌山。獵于永安山。				
十三年					射鹿于拜馬山。					獵于陰山。		
十四年							獵于黑嶺。		獵于平川。			
十五年			如魚兒			射鹿于			南府宰		幸秦國		

	十六年	十九年
濼。		
淺林山。	射鹿于訛魯古只山。	獵于分
		獵于烏
	觀市。擊鞠。射鹿于都里也刺。幸慶州諸寺焚香。障鷹于直舍山。	幸鷹坊
相杜防生男，幸其居。觀獲〔二五〕。	障鷹于霞列山。射鹿于擊輪山〔二六〕。	射熊于
		射鹿于
長公主帳。	觀擊鞠。	
	幸興王寺拜佛。	獵于不

	二十年	二十一年	二十二年	二十三
				獵于水
			獵于黑林。	如奪里
	如多樹濼。			
金山。		獵于涼陘諸山。	射熊于曷朗底。	
里嶺。			射鹿于門嶺。	幸聖濟
使頗得帳。		擊鞠。觀市。幸聖濟寺。		擊鞠。
醫巫閭山。		幸温湯。射虎于諸山。		獵于悅
索阿不山。		射鹿于黑山。獵于玉山。獵于白鷹山。	駐蹕于訛魯昆坡。	
		觀燈。		
野山。		觀擊鞠。獵于柳河。獵于平頂山。		擊鞠。

年	道宗清寧二年	十年
涸川。		
拾澤。		
寺。擊鞠。		
		獵于赤山，以皇太后射獲大鹿，設宴。庚寅，獵，梁王濬遇十鹿，射之得九。
只吉。		
	獵，射虎，獲之。	幸七金山三學寺。
		幸北牡山。

	咸雍元年	二年	三年	四年	六年
			幸沙奴特。	北幸。	
			駐蹕于細葛泊。		
				射柳。幸魏王乙辛第。	
		如藕絲淀〔二七〕。	幸魏王乙辛第。		
帝大喜，復設宴。	幸黑嶺。		獵于赤山。		
					獵于木葉山。

七年		如魚兒濼。										
九年			如黑水濼。				幸金河寺。	獵于三門口。				
大康三年						避暑于永安山。						
四年						獵于黑嶺。						
六年					獵于白石山。							
大安元年								射鹿于潑山。				
二年								射鹿于				

	九年	壽隆元年	二年	三年	五年
	獵于拖古烈。				
				射熊于排葛都〔三八〕。	射熊于
查沙。	獵于漫牙覩山。	射鹿查沙。		射熊于沙只直山。	射熊于
			幸沙門恒策戒壇，問佛法。		

							青崖。	覩里山。				
天祚皇帝乾統三年									獵于吾刺里山，虎傷獵夫。庚子，射熊于善山。			
四年					射鹿于沙只山。				射熊于瓦石刺山。			
六年								獵于撒不烈山。				
八年								獵于柏				

								山。				
天慶二年				如斧柯水。								
四年								如慶州。射鹿于秋山。	駐蹕于藕絲淀。			
七年									獵于輞子山，虎傷獵夫。			

校勘記

〔一〕太祖　此二字原置於上欄首格内，今據文例移置於此。又據本書卷六九部族表及卷七〇屬國表例，上欄内當有「紀年」二字。

〔二〕（神册四年十二月）幸遼陽故城　本書卷一太祖紀上繫此事於神册三年十二月。

〔三〕「次回鶻城」至「幸回鶻城」　此處疑係重出。按本書卷二太祖紀下天贊三年九月丙申云「次古回鶻城」，無再幸事。

〔四〕四年　據本書太宗紀，太宗於天顯二年十一月壬戌即皇帝位，至十三年始改元會同。按卷六九部族表及卷七〇屬國表例，此處當注云「太宗不改元」。

〔五〕（九月）如金瓶濼　本書卷三太宗紀上繫此事於十二月。

〔六〕（三月）射虎于松山　本書卷四太宗紀下繫此事於二月。按遊幸表、部族表及屬國表之史源皆出自耶律儼、陳大任本紀，表與紀記事屢有相差一月者，蓋皆史官錯置一欄所致。

〔七〕三年　南監本、北監本同，明鈔本、殿本作「二年」。按是年二月「獵于盤山」、七月「獵于炭山」兩事，本書太宗紀無考。

〔八〕世宗五年　據本書卷五世宗紀，「五年」上當有「天禄」二字。

〔九〕射鹹鹿于鳳凰門　本卷下文應曆十二年六月及十四年六、七月均有「射舐鹹鹿」事，則此處「射」字下當闕「舐」字。

〔一〇〕（四月）以野鹿入馴鹿羣觀之飲至竟日　本書卷七穆宗紀下繫此事於閏八月。

〔一一〕（九月）駐蹕于歸化州西硬坡　本書卷八景宗紀上繫此事於十二月。

〔一二〕（十月）駐蹕于老翁川　本書卷一〇聖宗紀一繫此事於九月。

〔三〕（十一月）獵于東古山　本書卷一〇聖宗紀一繫此事於閏九月。

〔四〕（七月）幸黎園温湯　本書卷一二聖宗紀三繫此事於八月。

〔五〕（四月）如炭山清暑　本書卷一三聖宗紀四繫此事於五月。

〔六〕（二月）幸延芳淀　本書卷一三聖宗紀四繫此事於正月。

〔七〕（八月）駐蹕于昌平幸南京　本書卷一四聖宗紀五繫此事於九月。

〔八〕三十年開泰元年　此處原分爲兩欄，「獵于賈曷魯林」、「幸上京」、「幸中京」三條繫於統和三十年，「幸興王寺」、「捕魚于排得述魯濼」兩條繫於開泰元年。按本書卷一五聖宗紀六，統和三十年十一月甲午改元開泰，今據以合爲一欄。

〔九〕獵于賈曷魯林　「賈曷魯林」，本書卷一五聖宗紀六開泰元年正月戊子作「買曷魯林」。

〔一〇〕幸開泰寺　按此事已見於上文，或係再至，或係重出。

〔一一〕（四月）避暑于永安山之涼陘　此事原繫於五月，南監本、北監本、殿本同，今據明鈔本及本書卷一七聖宗紀八太平六年四月丙寅改。

〔一二〕（十月）擊鞠　二字原闕，據明鈔本、南監本及北監本補。

〔一三〕（四月）駐蹕于永安山清暑　本書卷一八興宗紀一繫此事於五月。

〔一四〕詔宋使觀擊鞠　「宋」，原作「衆」，據明鈔本、南監本、北監本、殿本改。按本書卷一九興宗紀二重熙十一年十二月庚寅有宋使來賀正旦及永壽節事。

〔三五〕（八月）觀獲　本書卷一九興宗紀二繫此事於七月。

〔三六〕射鹿于擊輪山　「擊輪」，本書卷二〇興宗紀三重熙十六年七月作「繫輪」。

〔三七〕（六月）如藕絲淀　本書卷二二道宗紀二繫此事於七月。

〔三八〕射熊于排葛都　「排」，明鈔本、南監本、北監本、殿本皆作「佛」。

遼史卷六十九

表第七

部族表

司馬遷作史記，敍四裔於篇末。秦、漢以降，各有其國，彼疆此界，道里云邈。不能混一寰宇，周知種落，鄰國聘貢往來，焉能歷覽。或口傳意記，模寫梗概耳。遼接五代，漢地遠近，載諸簡册可考。西北沙漠之地，樹藝五穀，衣服車馬禮文，制度文爲，土産品物，得其粗而失其精。部落之名，姓氏之號，得其音而未得其字。歷代踵訛，艱於考索。

遼氏與諸部相通，往來朝貢，及西遼所至之地，見於紀、傳亦豈少也哉。其事則書於紀，部族則列於表云。

紀年	太祖元年	二年	三年
正月	黑車子室韋八部降〔一〕。		
二月			
三月			
四月			
五月		皇弟惕隱撒剌討烏丸及黑車子室韋。	
六月			
七月			
八月			
九月			
十月	討黑車子室韋。		討黑車子室韋，破之。
十一月			
十二月			

	四年	五年
		西奚部、東奚部
西北嗢娘改部族進牽車人。	烏馬山奚庫支洎查剌底、鋤勃德等部叛，討平之。	

	神冊元年	三年	四年
叛，討平之。		皇弟安端爲惕隱，攻西南諸部。	
	征突厥、党項、小蕃、沙陀諸部，破降之。		
			征烏古部。

六年	天贊元年	二年
皇太子暨諸將分擊部落，以烏古、奚爲圖盧、涅离、奥畏三部。		討奚胡損，獲之，
	擊西南諸部。	
	分迭剌部爲二院。	

	三年	天顯元年	三年 太宗不改元
		奚部長勃魯恩、王郁從征有功，賞之。	
置奚墮瑰部。		安邊、鄚頡、定理三府叛，討之。	
			突呂不討烏古部。
	擊山東部族，破之〔三〕。		
	破胡母思山蕃部。		突呂不獻烏古俘。
			鼻骨德來貢。

四年	五年	六年	七年	九年	十一年
		敵烈來貢。			
突呂不獻烏古俘。	敵烈來貢。	烏古來貢。	烏古、敵烈來貢。	鼻骨德來貢。	鼻骨德來貢。
	烏古來貢。				于厥里來貢。
		鼻骨德來貢。			

十二年									鼻骨德來貢。			
會同元年		室韋進白麃。							黑車子室韋貢名馬。			
三年	烏古獻伏鹿國俘〔三〕。							黑車子室韋來貢。	术不姑三部人來貢。			
四年	涅剌、烏隗二部上党項俘獲。乙室、品、	烏古來貢。于厥里來貢〔四〕。				阿里底來貢。					术不姑來貢。女直來貢。	

	五年	六年
突舉三部上党項俘獲。		
	鼻骨德來貢。	
		奚鋤勃德部進白麝〔六〕。
	鼻骨德、烏古來貢。朮不姑、鼻骨德、于厥里來貢〔五〕。	

七年	八年	九年	穆宗應曆元年
		鼻骨德奏軍籍〔八〕。	
黑車子室韋來貢〔七〕。			
	鼻骨德來貢。黑車子室韋來貢。		
	鼻骨德來貢。	烏古來貢。	
鼻骨德來貢。			
			鼻骨德來貢。

二年	三年	五年	六年	七年	十四年
		鼻骨德來貢。		鼻骨德來貢。	
	烏古、鼻骨德來貢。				
敵烈部來貢。					黃室韋叛。
			鼻骨德來貢〔九〕。		
	敵烈部來貢。				
					庫古只奏黃室

十五年	
烏古殺其酋長	
大黃室韋酋長	
小黃室韋叛去，	
庫古只奏室韋	
敵烈來降。	
烏古至河德濼，	
常恩與烏古戰，	
	韋掠馬牛，叛去。庫古只與黃室韋戰，敗之，降其衆。賜詔撫諭。烏古叛，掠居民財蓄。

十七年	
夷离畢	窣离底，降而復叛。
	寅底吉叛。五坊人四十户叛入烏古。
	雅里斯、楚思等擊之，爲室韋所敗。遣使讓之。
	酋長寅底吉亡入敵烈。
	遣夷离堇畫里、夷离畢常恩以擊之。丁丑，烏古掠上京北榆林峪居民，遣林牙蕭幹討之〔一〇〕。
	大敗之〔一一〕。

	景宗保寧三年	四年	五年	八年
骨欲獻烏古之俘。				
		鼻骨德來貢。		
			鼻骨德部長曷魯撻覽來朝。	鼻骨德
	鼻骨德來貢。			

										來貢。		
乾亨元年				敵烈來貢。								
聖宗統和元年										速撒奏降敵烈部。速撒奏叛蕃來降。		
二年		五國、隈烏古部節度使耶律隈洼以所	劃離部人請今後詳穩只於當部選授，	耶律蒲寧、都監蕭勤德東征女直回，獻								

	三年
轄諸部難制，請賜詔、給劍，仍便宜從事。從之。	
上以諸部官長惟在得人，詔不允。	上閱諸部籍，以涅剌、烏隗二部額少役重，故量免之。
捷〔一三〕。	
	乙室奧隗部黍過熟未穫，遣人以助收刈。
	乙室姥隗族部副使進物。术不姑諸部來至近地。

四年	五年
頻不部節度使和盧覩、黃皮室詳穩解里等各上所獲兵甲。	
姪里古部送輜重行宮〔一三〕。	
	涅剌部節度使撒葛里有惠政，部民請

							留，從之。					
六年					詔烏隈于厥部却貢貂鼠、青鼠皮，止以馬牛入貢〔一四〕。		以西南面招討使韓德威討河湟路違命諸蕃。					
九年			振濟室韋、烏古部。						鼻骨德來貢。			
十二年								詔皇太妃領西				

	十三年	十五年	十六年
			鼻骨德酋長來
		罷奚五部歲貢麕鹿。	
		敵烈八部殺詳穩以叛，蕭撻凜追擊，獲其部族之半。	
北路烏古部兵。			
	鼻骨德來貢。	罷奚王諸部貢物。	

	十九年	二十一年	二十二年	二十三年
貢。			罷蓄部賀千齡節及冬至、重五進貢。	
		奥里等部來貢。		
		烏古來貢。	蒲奴里、剖阿里等部來貢。	烏古來貢。
	達盧骨部來貢。			
				鼻骨德來貢。
	閏月，鼻骨德來貢。			

開泰元年	二年	三年
曷蘇館大王曷里喜來朝。	烏古、敵烈叛，命右皮室詳穩延壽率兵討之。	鐵驪來貢。
		烏古叛。
	烏古、敵烈皆復故地。	
		八部敵烈殺其詳穩稍

瓦，皆叛，詔南府宰相耶律吾剌葛招撫之。釋所囚敵烈數人，令招諭其衆。壬子，耶律世良遣使獻敵烈之

	四年	五年
	耶律世良討敵烈得部。	
		鼻骨德酋長撒保特、賽剌等來貢。
	耶律世良討叛命烏古，盡殺之。遣使賞軍前有功將校。	
俘〔一五〕。		
	以旗鼓拽剌詳穩題里姑爲六部奚王。	

七年

命東北越里篤、剖阿里、奧里米、蒲奴里、鐵驪等五部歲貢貂皮六萬五千，馬三百匹。烏古部節度使

蒲奴里部來貢〔一六〕。

	八年	太平元年
蕭普達討叛命敵烈，滅之。	回跋部太師踏刺葛來貢。	
	曷蘇館惕隱阿不葛、宰相賽刺來貢。	
	回跋部太保麻門來貢。	
	曷蘇館惕隱阿不葛來貢。	
		敵烈酋長頗白來貢馬、駝。

六年	七年	興宗重熙元年
	蒲盧毛朵部遣使來貢〔一八〕。	
	女直部、蒲盧毛朵部送來州收管。	
蒲盧毛朵部内多有兀惹民户，詔索之。		
朮不姑諸部皆叛〔一七〕。		
曷蘇館諸部長來朝。		
	查只底部民四百户來附。	五國酋長來貢。
曷蘇館部乞建旗鼓，許之。		

三年	十年	十二年
	曷蘇館人户没入蒲盧毛朵部者，索還復業。	
振濟耶迷只部。		置回跋部詳穩、都監。
		以斡朵、蒲盧毛朵部二使來貢不時，釋
	术不姑酋長來貢。	

	十三年
	耶律歐里斯將兵攻蒲盧毛朵部。西南面招討都監羅漢奴、詳穩斡魯母等奏，山
其罪，遣之〔一九〕。	羅漢奴奏所發部兵與党項戰不利。
	元昊率党項三部酋長來降。

西部族節度使屈烈以五部叛入西夏，仍乞南北府兵援送實威塞州人户。詔選富者發之，餘令屯田于天德。

	十五年	十七年	十八年
			耶律義
	蒲盧毛朶界曷懶河人户來附。	振濟瑤穩、嘲穩部。	耶律義
			烏古遣
軍。	蒲盧毛朶曷懶河一百八十户來附。	蒲盧毛朶部大王蒲輦進舡工。	
			五國酋
		長白山太師柴葛、回跋太師撒剌都來貢方物。	
	女直部長遮母率衆來附。	婆离八部夷离堇虎黏等內附。	
		伐蒲奴里酋陶得里。	

先奏蒲奴里之捷。
先等執陶得里以獻。
使送欵。
長各率其部來附。回跋部長兀迭、臺札等來朝。五國節度使耶律仙童以降烏古叛人，授左監門衛

					上將軍。							
十九年				蒲盧毛朵部惕隱信篤來貢。高麗來貢〔二〇〕。	遠夷拔思母部遣使來貢。	回跋、曷蘇館、蒲盧毛朵部各遣使進馬。						
二十一年							遣使詔五國及鼻骨德、烏古、敵烈四部捕海東					

							青鶻〔三〕。					
道宗清寧二年	詔二女古部與世預宰相、節度使之選者，免皮室軍役。											
三年	五國部長貢方物。											
八年					吾獨婉惕隱屯							

	咸雍五年	六年	九年
秃葛等乞歲貢馬、駝，許之。			
			八石烈
		五國部長來朝。	
	五國剖阿里部叛命，左夷离畢蕭素颯討之〔三〕。		
	五國酋長來降，仍獻方物。		

	大康元年
敵烈人殺其節度使以叛，上詔隈烏古部軍分兩道擊之。	
	西北路叛命酋長遐搭、雛搭、雙古等來

										降。		
四年									五國部長來貢。			
七年	五國部長來貢。											
八年	五國諸酋長貢方物。											
九年									五國部長來貢。			
大安元年	五國酋長來貢良馬。											

二年	三年	四年	八年
五國諸部長來貢。		五國諸部長來貢。	
	出絹賜隗烏古部貧民。		
	四北部渤海進牛〔三〕。		
五國部長來貢。		詔諸部官長親鞫獄訟。	阻卜酋長磨古斯殺金吾吐古斯以叛，

	九年
遣奚六部吐里耶律郭三發諸蕃部兵討之〔三四〕。	詔以戰馬三千給烏古部。烏古敵烈統軍使蕭朽

	十年
	惕德酋長來貢。
	烏古部節度使耶律陳家奴奏討茶札剌之捷。知北院樞密使事耶律斡特剌爲都統，
	西北路招討司奏敵烈部入寇，統軍司兵與戰不利，招討司兵擊破之。
	和烈葛部來貢。惕德酋長來貢。
哥奏討阻卜之捷。	
	是歲，惕德酋長萌得斯領所部來降，詔復舊地。頗里八部來寇，擊敗之〔三五〕。

壽隆元	
敵烈入	
斡特剌	夷离畢耶律禿朶爲副統，龍虎衛上將軍耶律胡呂爲都監，討磨古斯，遣積慶宮使蕭紏里監戰。
頗里八	

年	寇，掠羣牧馬，戍兵襲之，盡得所掠。			奏耶覩刮之捷。			部酋長來附，且進方物。斡特剌奏磨古斯之捷。					
二年	市牛以給烏古、敵烈、隗烏古部貧民。	振達麻里別古部。						頗里八部進馬。				
三年	烏古部節度使耶律陳							蒲盧毛朵部長率其部	五國部長來貢。		蒲盧毛朵部來貢。	

	家奴討有功〔二六〕。							民來歸。				
五年						五國部長來貢。	惕德酋長禿的等來貢。			斡特剌奏討耶覩刮之捷。		
六年	斡特剌獲叛命磨古斯來獻。				烏古部討茶扎剌，破之。		耶覩刮諸部寇西北路。	斡特剌奏耶覩刮諸部之捷。		五國諸部長來貢。		
天祚					斡特剌							

乾統二年	四年	九年	十年	天慶元年
	鼻骨德遣使來貢。			
				五國部長來貢。
		五國部來貢〔三七〕。	五國部長來貢。	
獻耶覩刮等部之捷。				

二年	五年	六年
五國部長來貢。		
	饒州渤海古欲等反，自稱大王，以蕭謝佛留等討之。	
		烏古部叛，遣中丞耶律撻不也等招之。
		烏古部降。
		東面行軍副統馬哥〔二八〕、余覩等攻

	保大二年	三年
	金師取西京，沙漠以南部族皆降之，帝遁訛莎烈。	
		軍將耶律敵烈等劫梁
	烏古部節度使耶律棠古破敵烈部叛，命皮室，加太子太保。	
	都統馬哥討叛命敵烈部，克之。	耶律大石自金朝亡歸。
曷蘇館，敗績。		
	聞金主撫定南京，遂由掃里關出，居四部族詳穩之家。	

	四年
	上北遁，謨葛失來迎，率部人防衞。時侍從乏糧數日，以衣易羊。至烏古
王雅里奔西北部。	
復渡河東還，居突呂不部〔二九〕。	
	上納突呂不部人訛哥之妻諳葛，以訛哥爲本部節度使〔三〇〕。

敵烈部，封謨葛失爲神于越。

天祚播越，耶律大石立燕晉國王淳〔三一〕；淳死，與蕭妃奔天德軍。上誅妃，責大石。大石率衆西去，自立爲帝。所歷諸部，附見于後：

大黃室韋部	白達旦部	敵烈部	王紀剌部	茶赤剌部	也喜部	鼻骨德部
尼剌部	達剌乖部	達密里部	密兒紀部	合主部	烏古里部	阻卜部
普速完部	唐古部	忽母思部	奚的部	紀而畢部〔三二〕	乃蠻部	畏吾兒城
回回大食部	尋思干地	起而漫地				

校勘記

〔一〕（正月）黑車子室韋八部降　本書卷一太祖紀上繫此事於二月。

〔二〕（七月）擊山東部族破之　本書卷二太祖紀下天贊三年七月辛亥云：「曷剌等擊素昆那山東部族，破之。」此處簡稱「山東」，語義不明。

〔三〕（正月）烏古獻伏鹿國俘　本書卷四太宗紀下繫此事於二月。

〔四〕烏古來貢于厥里來貢　後一「貢」字原闕，據明鈔本、南監本、北監本、殿本補。按于厥里即烏古，此處當係重出，或是不同分支。

〔五〕（七月）鼻骨德烏古來貢朮不姑鼻骨德于厥里來貢　本書卷四太宗紀下會同五年七月辛卯云「阻卜、鼻骨德、烏古來貢」。按朮不姑即阻卜，于厥里即烏古，表與紀合。然此處又謂「鼻骨德、烏古來貢」，疑係史源不一而致重出。

〔六〕（六月）奚鋤勃德部進白麝　「鋤勃德部」，本書卷四太宗紀下會同六年六月己未作「鋤骨里部」。

〔七〕（五月）黑車子室韋來貢　本書卷四太宗紀下繫此事於六月。

〔八〕（正月）鼻骨德奏軍籍　本書卷四太宗紀下繫此事於二月。

〔九〕（十月）鼻骨德來貢　本書卷六穆宗紀上繫此事於十一月。

〔一〇〕（正月）「烏古殺其酋長窣离底」至「遣林牙蕭幹討之」　按本書卷七穆宗紀下應曆十五年，以上諸事皆誤差一月，當依次下移一格。

〔一一〕「（六月）夷离畢常恩」及「（十月）常恩與烏古戰」　「常恩」，本書卷七穆宗紀下應曆十五年七月甲戌、十月丁未皆作「常思」，當有一誤。

〔一二〕（四月）耶律蒲寧都監蕭勤德東征女直回獻捷　「勤」，原作「勒」，據北監本、殿本及本書卷一〇聖宗紀一統和二年四月丁亥改。

〔一三〕（六月）姪里古部送輜重行宮　本書卷一一聖宗紀二統和四年六月乙巳，「以夷离畢姪里古部送輜重行宮」。按姪里古乃人名，非部族名，不當入本表。

〔一四〕（五月）詔烏隈于厥部却貢貂鼠青鼠皮止以馬牛入貢　本書卷一二聖宗紀三繫此事於統和六年閏五月甲寅，依下文例，此句上當有「閏月」二字。

〔一五〕（八月）「八部敵烈殺其詳穩稍瓦」至「獻敵烈之俘」　本書卷一五聖宗紀六繫此事於九月。

〔一六〕（九月）蒲奴里部來貢　本書卷一六聖宗紀七繫此事於七月。

〔一七〕（九月）朮不姑諸部皆叛　本書卷一七聖宗紀八繫此事於八月，「朮不姑」作「阻卜」。

〔一八〕（二月）蒲盧毛朵部遣使來貢　本書卷一七聖宗紀八繫此事於正月。

〔一九〕以斡朵蒲盧毛朵部二使來貢不時釋其罪遣之　「斡朵」，本書卷一九興宗紀二重熙十二年五月辛卯作「斡魯」。按本書卷四六百官志二北面屬國官條亦有「斡魯部」。

〔二〇〕高麗來貢　高麗事依例應入屬國表，此處重出，於例不合。

〔二〇〕（七月）遣使詣五國及鼻骨德烏古敵烈四部捕海東青鶻　此事明鈔本、南監本、北監本、殿本皆置於六月。

〔二一〕（咸雍五年十一月）左夷离畢蕭素颯討之　「左夷离畢」疑誤。按本書卷二二道宗紀二咸雍四年六月丙寅有「右夷离畢蕭素颯」，又卷九五蕭素颯傳謂「清寧初，歷左皮室詳穩、右夷离畢。咸雍五年，剖阿里部叛，素颯討降之」。

〔二二〕四北部渤海　諸本皆同。本書卷四六百官志二北面屬國官條下有「西北渤海部」，疑「四北部」爲「西北部」之誤。

〔二三〕「阻卜酋長磨古斯」至「發諸蕃部兵討之」　阻卜事依例應入屬國表，此處重出，於例不合。

〔二四〕擊敗之　「敗」，明鈔本、南監本、北監本、殿本及本書卷二五道宗紀五大安十年四月辛亥皆作「破」。

〔二五〕烏古部節度使耶律陳家奴討有功　此句語義不明。按本書卷二六道宗紀六壽隆三年正月壬寅謂「烏古部節度使耶律陳家奴以功加尚書右僕射」。又卷九五耶律陳家奴傳云：「時西北諸部寇邊，以陳家奴爲烏古部節度使行軍都監，賜甲一屬、馬二疋，討諸部，擒其酋送于朝。」此處當有闕誤。

〔二六〕五國部來貢　「五國部」，本書卷二七天祚皇帝紀一乾統九年四月壬午同，明鈔本、南監本、北監本、殿本皆作「五國部長」。

〔二八〕東面行軍副統馬哥　「軍」，原作「宮」，據本書卷二八天祚皇帝紀二改。

〔二九〕耶律大石自金朝亡歸復渡河東還居突呂不部　本書卷二九天祚皇帝紀三保大三年云：「秋九月，耶律大石自金來歸。冬十月，復渡河東還，居突呂不部。」按「復渡河東還」以下均指天祚帝，乃承五月辛酉渡河奔夏事而言。又「耶律大石自金朝亡歸」事與部族表無涉。蓋皆因史官抄書過於粗率，遂有此誤。

〔三〇〕以訛哥爲本部節度使　「哥」，原作「葛」，明鈔本、南監本同。今據北監本、殿本及上文、本書卷二九天祚皇帝紀三保大四年十月改。

〔三一〕耶律大石立燕晉國王淳　「燕晉國王」，本書卷二九天祚皇帝紀三保大二年三月、卷三〇天祚皇帝紀四附耶律淳傳皆作「秦晉國王」。

〔三二〕白達旦部敵烈部紀而畢部　「白達旦」、「敵烈」、「紀而畢」，本書卷三〇天祚皇帝紀四附耶律大石傳作「白達達」、「敵剌」、「糺而畢」。

遼史卷七十

表第八

屬國表

周有天下，不期而會者八百餘國。遼居松漠，最爲强盛。天命有歸，建國改元。號令法度，皆遵漢制。命將出師，臣服諸國。人民皆入版籍，貢賦悉輸内帑。東西朔南，何啻萬里。視古起百里國而致太平之業者，亦幾矣。故有遼之盛不可不著。作屬國表。

紀年	正月	二月	三月	四月	五月	六月	七月	八月	九月	十月	十一月	十二月
太祖元年												和州回鶻來貢。

神册元年	三年	四年
御正殿，受百僚暨諸國人使朝賀〔一〕。		
	渤海、高麗、回鶻、阻卜、党項各遣使來貢。	
	高麗、西北諸蕃皆遣使來貢。回鶻獻珊瑚樹。	
		師次骨里國〔二〕，

	五年	天贊二年	三年	四年
				大元帥
				攻小番，
		波斯國來貢。	西討吐渾、党項、阻卜。	
	征党項。			
			大食國來貢。回鶻怕里遣使來貢。攻阻卜。	
分路擊之，舉國歸附。			遣兵踰流沙，拔浮圖城，盡取西鄙諸部。	日本國
			獲甘州回鶻烏母主可汗〔三〕。	新羅國

	天顯元年
堯骨略地党項。	回鶻、新羅、吐蕃、党項、沙陀從征有功，賞之。濊貊、鐵驪、靺鞨
下之。回鶻烏母主可汗遣使貢謝。	
來貢。	
來貢。	

	二年 太宗不改元	三年	六年
			西南邊將以慕
來貢。改渤海國爲東丹國，忽汗城爲天福城。		達盧古來貢。	
		突厥來貢。	
			鐵驪來貢。
	女直國遣使來貢。		

	七年	八年	九年
化轄戛斯國人來。		皇太弟李胡率兵伐党項。	党項貢
		吐渾、阻卜來貢。	
			女直來
	女直來貢。	党項來貢。	
		阻卜來貢。阿薩蘭回鶻來貢。	
		鐵驪來貢。阻卜來貢。朮不姑來貢〔四〕。	
		阻卜來貢。朮不姑來貢〔五〕。	
	阻卜貢海東青鶻。		

	駝、鹿。		貢。									
十年			党項來貢。	吐谷渾酋長率衆内附。		吐渾來貢。						
十一年〔六〕			女直國遣使來貢。			吐谷渾來貢。		吐渾來貢。				
十二年									女直國遣使來貢。回鶻來貢。		鐵驪來貢。	
會同元		鐵驪來	女直國	女直國	吐谷渾			吐谷渾、				

年	二年	三年
貢。		女直來朝貢。
遣使來貢。	女直國來貢。	
遣使進弓矢。西南邊大詳穩耶律魯不古奏党項之捷。		
來貢。		
	吐谷渾來貢。	
烏孫、靺鞨各來貢。		阻卜來貢。
	阻卜來貢。	女直國來貢。
	鐵驪、燉煌並遣使來貢。	

	四年	五年
	鐵驪來貢。	
	魯不古伐党項回，獻俘。	鐵驪來
		素撒國
		阻卜來
阻卜及賃烈國來貢。阻卜來貢。		
		党項逆
	吐谷渾降。阻卜來貢。女直國遣使來貢。	

—				貢。		人來貢。 阻卜貢方物。	貢。			命，伐之。		
六年						鐵驪來貢。					鐵驪來貢。	
七年					賃烈、要里等國來貢〔七〕。			回鶻遣使請婚，不許。				
八年						回鶻來貢。 吐谷渾來貢。 紝没里、					鐵驪來貢。	

	九年	穆宗應曆元年	二年	三年
	回鶻、女直來貢。		女直來貢。	
	吐渾進生口。		鐵驪貢鷹鶻〔九〕。	鐵驪來
	吐渾白可久來附。			
	女直來貢。			
要里等國貢方物〔八〕。				
				吐蕃、吐
			回鶻及轄戛斯國來貢。	
		鐵驪來貢。		

			貢〔一〇〕。					谷渾來貢。				
十二年								女直國貢鼻上有毛小兒。				
十三年					斡朗改國進花鹿生麛，視之。							
景宗保寧三年		漢遣使來告。				回鶻遣使來貢。	漢以宋人來攻，遣使來			吐谷渾來貢。		

	五年	八年	九年
	伐党項，破之，上俘獲之數。		女直國遣使來貢。
	女直國侵邊。阿薩蘭回鶻來貢。		女直國二十一人來請宰相、夷
告。			回鶻遣使來貢。
		女直國侵貴德州。	
			耶律沙以党項降酋可醜、買友
			吐谷渾叛入太原四百餘户，索
		轄戛斯國遣使來貢。	

	十年	乾亨元年	四年	聖宗
				党項十
	阿薩蘭回鶻遣使來貢。			
		女直國宰相遣使來貢。		
	女直國遣使來貢。			
离堇之職，以次授之。				
				韓德威
來，賜詔撫諭。 女直國遣使來貢。				
而還之。				
			討阻卜。	

統和元年	二年
五部寇邊，西南面招討使韓德威破之。破阻卜。韓德威討党項諸部。	
破党項，上俘獲之數。	
	女直宰相海里等八族內附。
	速撒等討阻卜，殺其酋長撻剌

	三年	四年	六年	七年
				回鶻、于闐、師子
				阿思懶、于闐、轄
			閏月，阿薩蘭回鶻來貢。	
			党項太保阿剌怳來朝。	
			女直宰相速魯里來朝。	
	女直國宰相朮里補來朝〔一三〕。			
		阻卜遣使來貢。		
干〔一二〕。		党項來貢。		于闐遣張文寶

	八年	九年
		女直國遣使來
等國來貢。党項遣使來貢。	于闐、回鶻各遣使來貢。女直國遣使來貢。	
烈三國來貢。吐蕃來貢〔三〕。		
	女直國遣使來貢。	回鶻來貢。
	女直國宰相阿海來朝。	
	阿薩蘭回鶻于越、達剌干遣使來貢。女直遣使來貢。	突厥來貢。
		女直國進喚鹿
	北女直國四部請內附。	
	阻卜遣使來貢。	阿薩蘭回鶻來
進內丹書。		
	女直遣使來貢。回鶻來貢。	

	十年	十一年	十二年	十三年
貢。		回鶻來貢。		
	兀惹來貢。		回鶻來貢。高麗來貢。	女直國
	鐵驪來貢。		高麗遣使請所俘生口，詔贖還之。	夏國遣
				高麗進
			回鶻遣使來貢。	
	鐵驪來貢。		女直國遣使來貢。	女直國
人。				
			党項、吐谷渾來貢。阻卜來貢。	
貢。	鐵驪來貢。			回鶻來
	回鶻來貢。		鐵驪來貢。	阿薩蘭
			女直國以宋人由海道賂本國及說兀惹叛，遣使來告。	鐵驪遣

	十四年	十五年
		河西党項叛，詔
遣使來貢。	回鶻遣使來貢。女直國遣使來貢。	韓德威奏破党
使來貢。	韓德威奏討党項之捷。	党項來貢。
鷹。		
	鐵驪來貢。回鶻來貢。	鐵驪來貢。
遣使來貢。	回鶻來貢。	党項酋長來貢。
		蕭撻凜奏討阻
貢。兀惹歸款。鼻骨來貢〔一四〕。		
回鶻遣使來貢。高麗遣童子十人來學本國語。	阿薩蘭回鶻遣使爲子求婚，不許。	
使來貢鷹、馬。		

	十六年
韓德威討之。兀惹酋長武周來降。女直國遣使來貢。	
項之捷。	夏國遣
河西党項乞內附。兀惹烏昭慶乞歲時免進貢鷹、馬、貂皮，以其地遠，詔生辰、正旦外，並免。	女直國
	鐵驪來
禁吐渾別部鬻馬於宋。	
卜之捷。	

	十七年	十八年
使來貢。		
遣使來貢。		
貢。		
	兀惹烏昭慶來降，釋之。	阻卜叛酋鶻碾之弟鐵剌不率部民來附，鶻碾無所歸，
		回鶻來貢。

	十九年	二十年
	回鶻進梵僧名醫。	女直國宰相夷离底來貢。
		女直國大王阿改遣其子出燭你、耶剌改、塞剌
	西南面招討司奏討党項之捷。	
		鐵驪遣使來貢。
繼降，詔誅之。		高麗遣使來進本國地里圖〔二六〕。
	達盧骨部來貢。	
	西南面招討司奏討吐谷渾之捷。	
	鼻骨德來貢〔二五〕。	

	二十一年	二十二年
來朝。		女直國遣使來貢。
	鐵驪來貢。	
	女直國來貢。兀惹、渤海、奧里米、越里篤、越里吉五部來貢。	
	党項來貢。阻卜酋長鐵剌里率諸部來降。	
	阻卜鐵剌里來朝〔一七〕。	
		党項來貢。阻卜酋鐵剌里
		南京女直國遣使獻所獲烏昭

	二十三年
	振党項部。回鶻來貢。
	女直國及阿薩蘭回鶻各遣使來貢。鐵驪來貢。党項來寇。
	阻卜酋鐵剌里遣使賀與宋和。
	党項來貢。烏古來貢〔二〇〕。女直國遣使來貢。阿薩蘭回鶻遣
來朝。鐵剌里求婚，許之〔一八〕。	
慶妻子〔一九〕。	

	二十四年
	沙州燉煌王曹壽遣使進大食馬及美玉，以對衣、銀器等物賜之〔二二〕。
使來，因請先留使者，皆遣之。	

二十五年	二十六年
	高麗進文化、武功兩殿龍鬚草地席。
西北路招討使蕭圖玉討叛命阻卜，破之。	
	蕭圖玉馳奏討甘州回鶻，降其王耶剌里，撫慰而還。

二十八年

西北路招討使蕭圖玉奏伐甘州回鶻，破其屬郡肅州，盡俘其生口。詔修土隗口故城以實之。

二十九

詔西北

年〔三二〕	開泰元年
	女直國太保蒲撚等來朝。
路招討使、駙馬都尉蕭圖玉安撫西鄙，置阻卜等部〔三三〕。	
	鐵驪那沙等送兀惹百餘户至賓州，賜

	二年	三年
		阻卜酋長烏八朝貢，封烏八爲王。女直國及鐵驪
		沙州回鶻曹順遣使來貢，回賜衣幣。
	化哥等破阻卜酋長烏八之衆。	
絲絹以賞之。		

	四年	五年
各遣使來貢。		耶律世良與蕭善寧東
	于闐國來貢。	阻卜酋長來朝。
	耶律世良等破阻卜，上俘獲之數。女直國遣使來貢。	叛命党項酋長魁可來

	八年	九年
討高麗，破之。	鐵驪來貢。	
降。		
	詔阻卜依舊歲貢馬、駝、貂鼠、青鼠皮等物。	遣使賜沙州回鶻燉煌郡王曹
		沙州回鶻燉煌郡王曹順遣使
		大食國王遣使爲其子册哥請

							順衣物。		來貢。	婚，進象及方物。		
太平元年			大食國王復遣使請婚，以王子班郎君胡思里女可老封公主，降之。				阻卜札剌部來貢。			党項酋長曷魯來貢。		
二年					鐵驪遣使進兀							

	六年
	詔党項別部塌西設契丹節度使治之。
	阻卜入寇，西北路招討使蕭惠破之。
惹人一十六户。	遣西北路招討使蕭惠將兵伐甘州回鶻〔二四〕。
	蕭惠攻甘州不克，師還。自是，西阻卜諸部皆叛。我軍與戰，敗績，涅里姑、曷不吕皆歿於

								陣，遣惕隱耶律洪古等將兵討之。				
七年						詔蕭惠再討阻卜。						
八年	党項寇邊，破之。											
興宗重熙二年	女直國詳穩臺押率所											

	六年	七年	九年
部來貢。			
		高麗遣使來貢。	
		夏國遣使來貢。	
		阻卜酋長屯禿古斯來朝。	
	阻卜酋長來貢。		女直國人侵邊，發黃龍府路鐵驪軍拒之。

十年	十一年	十二年
		高麗國以加上
		夏國遣使進馬、
		阻卜大王屯禿
		阻卜來貢。
夏國遣使獻所俘宋將及生口。		
		夏人侵掠党項，
回鶻遣使來貢。		
	以吐渾及党項多鬻馬于夏國，詔沿邊築障塞以防之。	

	十三年
尊號，遣使來賀。	高麗遣使來貢。
駝。	南院大王耶律高十奏党項等部叛附夏國。
	羅漢奴奏所發部兵與党項戰不利〔三五〕。
古斯弟太尉撒葛里來朝。回鶻遣使來貢。	阻卜酋長烏八遣其子執元昊求援使者窊邑改來，且
	夏國遣使來朝。
	夏國復遣使來詢。
遣延昌宮使高家奴問之。	獲叛命党項偵人，射鬼箭。元昊親執党項三部酋

						乞以兵助戰，從之。				長來降。		
十四年				高麗遣使來貢。		阻卜大王屯禿古斯率諸酋長來朝。夏國遣使來朝。					阿薩蘭回鶻遣使來貢。	
十五年			高麗遣使來貢。									
十六年						阻卜大				鐵驪仙		女直國

〔二六〕	十七年
	鐵不得國遣使來，乞以本部軍助攻夏國，不許。
	高麗遣使來貢。
王屯禿古斯來朝，進方物。	阻卜進馬、駝二萬。
門來朝，以前此未嘗入貢，仍加右監門衛大將軍。	
遣使來貢。阿薩蘭回鶻王以公主生子，遣使來告。	

十八年			高昌國遣使來貢。			阻卜來貢馬、駝、珍玩。						
十九年				高麗遣使來貢。	遠夷拔思母部遣使來貢。	高麗遣使來賀伐夏之捷。	阻卜酋長豁得剌弟斡得來朝，加太尉遣之。	阻卜酋長喘只葛拔里斯來朝。			阻卜酋長豁得剌遣使來貢。	
二十年		吐蕃遣使來貢。										
二十一年											阿薩蘭回鶻遣	

	二十二年	二十三年	道宗清寧二年
		夏國遣使貢方物。	
	阿薩蘭回鶻爲鄰國所侵，遣使求援。		
		高麗遣使來貢。	
		夏國遣使來貢。	
	高麗遣使來貢。	吐蕃遣使來貢。	阻卜酋長來朝及貢方
	阻卜大王屯秃古斯率諸部長進馬、駝。		
使貢名馬、文豹。		阻卜酋長來貢。	

	咸雍二年	四年	五年
			阻卜酋長叛，以南京留守晉王仁先爲
		阿薩蘭回鶻遣使來貢。	
物。	回鶻來貢。阻卜酋長來貢。		吐蕃遣使來貢。
			晉王仁先遣人奏阻卜之捷。
		夏國遣使來貢。	

	六年
	阻卜酋長來朝，且貢方物。
西北路招討使，領禁軍討之。	
	西北路招討司以所降阻卜酋來。
	阻卜酋長來朝〔三七〕。
	西北路招討司擒阻卜酋長來獻，以所降阻卜酋長圖木同刮來。

七年		女直國進馬。				吐蕃來貢。					高麗遣使來貢。	回鶻來貢。
八年						振易州貧民〔二八〕。高麗遣使來貢。				回鶻來貢。		
九年										回鶻來貢。		高麗、夏國並遣使來貢。
十年		阻卜諸酋長來貢。									高麗遣使來貢。	

大康元年						吐蕃來貢。						
二年〔三九〕						回鶻來貢。						
四年				高麗遣使乞賜鴨淥江以東地，不許。		阻卜酋長來貢。阻卜諸酋長進良馬。					回鶻遣使來貢。	
五年						阻卜酋長來貢。						
六年						女直國遣使來						

	七年	八年	九年	十年
	女直國貢良馬。	鐵驪酋長貢方物。		
				女直國貢良馬及犬。
				阻卜諸酋長來貢。
貢。	阻卜余古赧來貢〔三○〕。	阻卜酋長來貢。	阻卜酋長來貢〔三一〕。	
	高麗遣使來貢。			

大安二年			女直國來貢良馬。			阻卜諸酋長來朝。					高麗遣使謝封冊。	
三年			女直國來貢良馬。高麗遣使來貢。									
四年			免高麗歲貢。									
五年	高麗遣使來貢。				回鶻遣使貢良馬。							

六年	七年	八年
		阻卜諸酋長來降。
女直國遣使貢良馬。		
		阻卜酋長來貢。
	回鶻遣使貢方物。	
	回鶻遣使來貢異物，不納，厚賜遣之。	
	日本國遣鄭元等二十八人來貢。	日本國遣使來貢。
		阻卜酋長磨古斯殺金吾禿古斯以叛，
高麗遣使來貢。		

九年	
磨古斯入寇。	
西北路招討使耶律阿魯掃古追磨古斯還，都監蕭張九遇賊	
有司奏磨古斯詣西北路招討使，耶律撻不也遇害〔三三〕，附	遣奚六部禿里耶律郭三發諸蕃部兵討之。

衆，與戰不利，二室韋、拽剌、北王府、特滿羣牧、宮分等軍多陷于賊〔三二〕。

近阻卜酋長烏古扎叛去。達里底及拔思母並寇倒塌嶺路。阻卜酋轄底侵掠西路羣牧。

十年
烏古扎等來降。達里底、拔思母二部入寇。
西南面招討司奏拔思母之捷。達里底入寇。
山北路副部署蕭阿魯帶奏達里底之捷。
閏月，達里底、拔思母二部來降。
阻卜來寇倒塌嶺，西路羣牧及渾河北牧馬皆爲所掠。東北路統軍使耶律石柳以兵追及，盡獲所掠。
西北路統軍司獲阻卜酋拍撒葛、蒲魯等來獻。
惕德酋銅刮、阻卜酋的烈等來降。達里底及拔思母等來寇〔三四〕，山北副部署阿魯帶擊敗之。
西北路統軍司奏討磨古斯之捷。

壽隆元年	二年
西南面招討司奏拔思母入寇，擊敗之。蕭阿魯帶等討拔思母，破之〔三五〕。	西南面招討司討拔思
高麗遣使來貢。	
女直國遣使來貢。	
阻卜酋長禿里底及圖木葛來朝貢。	
阻卜酋長猛達斯來貢。	阻卜來貢。
	高麗來貢。
女直國遣使進馬。	

	三年	五年
母，破之。		詔夏國
	阻卜酋長猛撒葛及粘八葛酋長禿骨撒、梅里急酋長忽魯八等請復舊地，以貢方物。	
	斡特剌討阻卜，破之。	
		阻卜來
	斡特剌遣人奏梅里急之捷。	
	西北路統軍司奏梅里急之捷〔三六〕。	

	王李乾順伐拔思母部。					貢。							
六年						阻卜酋長來貢。						女直國遣使來貢。鐵驪來貢。
七年							阻卜、鐵驪酋長來貢。						
天祚乾統二							阻卜入寇，斡特						

年	三年	四年	六年	八年
	女直國鼻蕭海里首，遣使來獻。			
		吐蕃遣使來貢。		西北路招討使蕭敵里
剌等戰敗之。			阻卜來貢。	
	吐蕃遣使來貢。			
				高麗遣使來謝〔三七〕。

						率諸蕃酋長來朝。						
九年			夏國以宋不歸地，遣使來告。									高麗遣使來貢。
十年						阻卜來貢。						
天慶二年						和州回鶻來貢。阻卜酋長來貢。						

三年						斡朗改國遣使來獻良犬。						回鶻遣使來貢。高麗遣使來謝。
四年			女直國遣使索叛人阿踈，不發〔三八〕。				女直國復遣使來取阿踈，不發，即遣侍御阿息保往問境上建城堡之	阿息保還，言女直國主之意，若還阿踈，朝貢如舊；不然，城未能已。		女直國下寧江州。		鐵驪、兀惹叛歸女直。

	五年
	遣僧家奴持書約和，斥女直國主名。女直國主遣塞剌復書，若歸叛人阿疎，遷
	遣耶律張家奴、蒲蘇、阿息保、聶葛、紇石保、得里底等齎書使女直國，斥其名，冀
	張家奴等以女直國主書來，復遣張家奴以往。
	張家奴等還，女直國主復書，亦指其名，諭之使降。遣蕭辭剌使女直國，以
故。	都統斡里朵等及女直軍戰于白馬濼，敗績。
女直國遣師來攻。	
	女直軍下黃龍府。女直國主遣塞剌以書來報，若歸我叛人阿疎，即當班

	六年
黄龍府於別地，然後圖之。	
以速降。	
	女直軍攻下瀋州。族人痕孛、鐸剌、吳十、撻不也、道剌、酬斡、平甲、盧
書辭不屈，見留。	
師。	

	七年
	女直軍攻春州，女古、皮室四部及渤海
僕古、闢离剌、韓七、吳十、那也温、曷魯十三人皆歸女直國。	
	都元帥秦晉國王淳遇女直軍，戰于蒺

八年	
遣耶律奴哥等	人皆降。復下泰州。
耶律奴哥還，金	
復遣奴哥使金	
奴哥以書來，約	
遣胡突衮齎三	
金朝復遣胡突	
奴哥、突迭復使	
突迭見留，奴哥	
奴哥、突迭持金	
以議定册禮，遣	藜山，敗績。女直軍復攻拔顯州。是歲，女直國主即皇帝位，建元天輔，國號金。

使金國，復議和好。保安軍節度使張崇以雙州民二百户歸金國。

主復書，大略言：如以兄事朕，歲貢方物，歸上、中京、興中府三路州縣，以親王、公主、駙馬、大臣子孫爲質，

國。

不踰此月見報。復遣奴哥使金國，要以酌中之議。金主遣胡突衮與奴哥持書來，大略如前所約。

國書詔、表牒，復使金國〔三九〕。通、祺、雙、遼四州之民八百餘户歸附金朝。

衮以書來，免所取質，及上京、興中府所屬州郡，裁減歲幣之數；如能以兄事朕，册用漢儀，可以如約。

金朝，議册禮。

還。金主復書，謂如不能從，勿復遣使。遣奴哥復使金朝。蕭寶、訛里野、特末、霍石、韓慶和、王伯龍

主書來。龍化州張應古、劉仲良、渤海二哥等率衆歸附金朝。

奴哥使于金。寧昌軍節度使劉宏以懿州民户三千歸金〔四二〕。

九年	
金遣烏林答贊謨持書來迎册	
	及還我行人與元給信牌，并宋、夏、高麗往復書詔、表牒，可以如約。
遣知右夷离畢事蕭習泥烈、大	
阻卜補疎只等反。	
金復遣烏林答贊謨持書來，責	
復遣蕭習泥烈、楊近忠先持册	等各率衆歸于金〔四〇〕。
遣使送贊謨以還〔四三〕。	

禮。

理寺提點楊勉等册金主爲東懷國皇帝。

册文無兄事之語，不言「大金」，而云「東懷」，及乖體式。如依前書所定，然後可從。楊詢卿、羅子韋

槀使于金〔四三〕。

	十年	保大元
	金復遣贊謨以書并撰到册文副本以來，仍責乞兵于高麗。	
	以金朝所定册草內「大聖」二字與先世稱號相同，復遣習泥烈持書議之。	
	金主親師攻上京，已攻外郛，留守撻不也出降。	南京統
率衆歸金。		

年	二年
	金師克中京，進下澤州。
	金師敗奚王霞末于北安州，遂降其城。
	聞金師將出嶺西，遂趍白水濼。羣牧使謨魯斡歸金。聞金師將及，輕
	金師取西京。
軍耶律余覩率將吏户歸于金。	
	夏國遣兵來援，爲金師所敗。
	親遇金師，戰于石輦驛，敗績。夏國遣曹介來問起居〔四四〕。
	奉聖州降金。
	蔚州降金。
	金師屯奉聖，上遁於落昆髓。
	金主撫定南京。

	三年
	遼興軍、宜、錦、乾、顯、成、川、豪、懿等州降金。
	興中府降金。歸德軍及隰、遷、潤三州欵附金〔四五〕。
騎以遁。殿前點檢耶律高八率衞士歸金。	
	金師至居庸關，耶律大石被擒。金師圍輜重於青塚硬
	回金帥書，乞爲弟若子，量賜土地。夏國王李乾順
	冊李乾順爲夏國皇帝。

寨〔四六〕。金遣人以書來招，回書請和。金師以兵送族屬東行，乃遣兵邀戰于白水濼，爲金師所敗。

請臨其國。

	四年	五年
	金師來攻，上棄營北遁。特母哥歸金。	党項小斛祿遣
		上至應州新城，
金師以書來招，以書答之，金師復書，不許請和。		
	蕭撻不也、察剌歸金。	
	建州降金。	
	興中府降金。	

	人請臨其地。上過沙漠，金師忽至，徒步出走。	爲金帥完顏婁室等所獲。										

校勘記

〔一〕（神册元年正月）御正殿受百僚暨諸國人使朝賀　此處繫年或誤。本書卷一太祖紀上太祖二年正月癸酉朔云：「御正殿受百官及諸國使朝。」與此疑爲一事。

〔二〕師次骨里國　「骨里國」疑有闕誤。按本書卷二太祖紀下神册四年十月丙午作「烏古部」，卷三四兵衛志上作「于骨里國」。

〔三〕獲甘州回鶻烏母主可汗　此處所記有誤。按本書卷二太祖紀下天贊三年十一月乙未云「獲甘州回鶻都督畢離遏，因遣使諭其主烏母主可汗」，四年四月癸酉及本表下文又謂「回鶻烏母主可汗遣使貢謝」。

〔四〕阻卜來貢朮不姑來貢　本書卷三太宗紀上天顯八年七月丁亥云「阻卜來貢」。按朮不姑即阻卜，此處重出。

〔五〕阻卜來貢朮不姑來貢　本書卷三太宗紀上天顯八年十月乙巳云「阻卜來貢」。按朮不姑即阻卜，此處重出。

〔六〕十一年　「一」字原闕，據明鈔本、南監本、北監本、殿本及本書卷三太宗紀上天顯十一年補。

〔七〕（五月）賃烈要里等國來貢　本書卷四太宗紀下繫此事於六月。「賃烈」，紀作「紝没里」。

〔八〕（八年六月）紝没里要里等國貢方物　此事不見於本書卷四太宗紀下會同八年六月，或即七年六月乙巳「紝没里、要里等國來貢」事，然已見於上欄七年五月，此處或係重出。

〔九〕（三月）鐵驪貢鷹鶻　本書卷六穆宗紀上繫此事於四月。

〔一〇〕（三月）鐵驪來貢　本書卷六穆宗紀上繫此事於四月。

〔一一〕（十一月）速撒等討阻卜殺其酋長撻剌干　「速撒等討」四字原置於十一月欄，「阻卜殺其酋長撻剌干」則置於下葉十二月欄内。明鈔本、南監本、北監本、殿本皆繫此事於十二月。按本書卷一〇聖宗紀一統和二年十一月云：「速撒等討阻卜，殺其酋長撻剌干。」今據以釐正。

〔一二〕（九月）女直國宰相朮里補來朝　本書卷一〇聖宗紀一繫此事於閏九月，此句上依例當闕「閏月」二字。「朮里補」，紀作「朮不里」。

〔一三〕(三月)阿思懶于闐轄烈三國來貢吐蕃來貢　本書卷一二聖宗紀三繫此事於二月。

〔一四〕鼻骨來貢　「鼻骨」，本書卷一三聖宗紀四統和十三年十月庚子作「鼻骨德」。此事已見卷六九部族表，此係重出。

〔一五〕(十一月)鼻骨德來貢　本書卷一四聖宗紀五繫此事於閏十一月，此句上依例當闕「閏月」二字。

〔一六〕(六月)高麗遣使來進本國地里圖　本書卷一四聖宗紀五繫此事於七月。

〔一七〕(七月)阻卜鐵刺里來朝　本書卷一四聖宗紀五繫此事於八月。

〔一八〕鐵刺里求婚許之　本書卷一四聖宗紀五統和二十二年八月戊辰云：「鐵刺里求婚，不許。」與此異。

〔一九〕南京女直國遣使獻所獲烏昭慶妻子　按遼無所謂「南京女直」。本書卷一四聖宗紀五統和二十二年九月丙午云：「幸南京。女直遣使獻所獲烏昭慶妻子。」此處作「南京女直」，蓋係史官誤以「南京」與下句「女直」連讀而致誤。

〔二〇〕烏古來貢　此事已見本書卷六九部族表，依例不當入屬國表。

〔二一〕(六月)沙州燉煌王曹壽遣使進大食馬及美玉以對衣銀器等物賜之　本書卷一四聖宗紀五繫此事於八月。

〔二二〕二十九年　四字原闕，據明鈔本、南監本、北監本、殿本補。

〔二三〕置阻卜等部　此處當有闕文。按本書卷一五聖宗紀六統和二十九年六月丁巳作「置阻卜諸部節度使」。

〔二四〕遣西北路招討使蕭惠將兵伐甘州回鶻　「使」字原闕，據北監本、殿本及本書卷一七聖宗紀八太平六年五月癸卯補。

〔二五〕羅漢奴奏所發部兵與党項戰不利　此事已見本書卷六九部族表，依例不當入屬國表。

〔二六〕十六年　原作「十八年」，據明鈔本、南監本、北監本、殿本改。

〔二七〕（七月）阻卜酋長來朝　「朝」，明鈔本、南監本、北監本、殿本皆作「貢」。又本書卷二二道宗紀二繫此事於六月。

〔二八〕振易州貧民　此事與屬國無涉，係闌入之文。

〔二九〕二年　諸本皆同。按本書卷二三道宗紀三是年無回鶻來貢事，然三年六月己丑云「回鶻來貢」，則「二年」或爲「三年」之誤。

〔三〇〕阻卜余古赧來貢　原作「阻卜與余古赧來貢」。按本書卷二四道宗紀四大康七年六月丙寅及大安二年六月乙巳，余古赧乃阻卜酋長名。「與」字衍，今據刪。

〔三一〕（六月）阻卜酋長來貢　本書卷二四道宗紀四繫此事於閏六月，此句上當闕「閏月」二字。

〔三二〕「（正月）磨古斯入寇」及「（二月）西北路招討使耶律阿魯掃古」至「多陷于賊」　本書卷二五道宗紀五分別繫於二月、三月。又「耶律阿魯掃古」，「阿」疑爲「何」之誤，參見卷二五道宗紀五校勘記〔六〕。

〔三〕有司奏磨古斯詒西北路招討使耶律撻不也遇害　此處當有闕誤。按本書卷二五道宗紀五大安九年十月庚戌云："有司奏磨古斯詒西北路招討使耶律撻不也僞降，既而乘虚來襲，撻不也死之。"

〔亖〕達里底及拔思母等來寇　"等"，原作"弟"，據本書卷二五道宗紀五大安十年十一月乙巳及卷九四蕭阿魯帶傳改。

〔亖〕"西南面招討司奏"至"討拔思母破之"　本書卷二六道宗紀六壽隆元年正月庚戌云："西南面招討司奏拔思母來侵，蕭阿魯帶等擊破之。"此處分記爲兩條，實爲一事。

〔三六〕(十二月)西北路統軍司奏梅里急之捷　本書卷二六道宗紀六繫此事於十一月。

〔三七〕(十一月)高麗遣使來謝　本書卷二七天祚皇帝紀一繫此事於十二月。

〔三八〕(三月)女直國遣使索叛人阿疎不發　本書卷二七天祚皇帝紀一繫此事於正月。

〔三九〕遣胡突衮齎三國書詔表牒復使金國　本書卷二八天祚皇帝紀二天慶八年六月丁卯云："遣奴哥等齎宋、夏、高麗書詔、表牒至金。"又金史卷二太祖紀天輔二年(遼天慶八年)七月癸未云："胡突衮還自遼，耶律奴哥復以國書來。"按胡突衮係金使，此處使金者當爲奴哥。

〔四〇〕"遣奴哥復使金朝"至"率衆歸于金"　以上二事本書卷二八天祚皇帝紀二皆繫於天慶八年閏九月，此處當闕"閏月"二字。

〔四一〕寧昌軍節度使劉宏以懿州民户三千歸金　「劉宏」，原作「劉完」，據本書卷二八天祚皇帝紀二天慶八年十二月甲申及金史卷二太祖紀天輔二年十二月甲辰、卷七五孔敬宗傳改。

〔四二〕復遣蕭習泥烈楊近忠先持册藁使于金　「楊近忠」，本書卷二八天祚皇帝紀二天慶九年九月作「楊立忠」，當爲「楊丘忠」之誤。參見卷二八天祚皇帝紀二校勘記〔二〕。

〔四三〕（十二月）遣使送贄謨以還　本書卷二八天祚皇帝紀二繫此事於十月。

〔四四〕夏國遣曹介來問起居　「曹介」，本書卷二九天祚皇帝紀三保大二年七月辛未作「曹价」。

〔四五〕歸德軍及隰遷潤三州欵附金　「潤」，原作「閏」，據本書卷三九地理志三中京道潤州條及金史卷二太祖紀天輔七年二月乙酉改。

〔四六〕金師圍輜重於青塚硬寨　本書卷二九天祚皇帝紀三保大三年四月戊戌云：「金兵圍輜重于青塚，硬寨太保特母哥竊梁王雅里以遁。」此處蓋史官抄取帝紀斷句有誤，誤以「硬寨」二字連上讀。